JN252326

ステップアップ 地方公務員法の 解説

加藤敏博
齋藤陽夫
【共著】

Step Up

公職研

❖はじめに❖

　この本は、昇任試験の勉強をする皆さんが、地方公務員法を中心とする地方公務員制度について、必要な知識を確実かつ効率的に理解し、習得することができることを目的に作成したものです。

　この本の特徴は、次の点です。

・**項目**　出題される可能性がある分野を網羅的に勉強することができるように、地方公務員制度に関するほぼ全ての分野から項目をピックアップしています。ただし、項目によって重要度が異なるため、過去の出題傾向等を踏まえて、**重要度★〜★★★**を付すことにより、メリハリをつけて勉強をすることができるようにしています。

・**解説**　全ての項目をそれぞれ見開き（2頁）でコンパクトに整理して、解説しています。1つの項目を一覧することができるため、その項目全体の理解がしやすくなるとともに、時間を区切って効率的、計画的に勉強するのに役立ちます。

　また、各項目のなかで、[**基本**]と[**発展**]の2段階に分類した問いを設け、問いに答える形で解説をしています。勉強の進度に応じて、そのいずれかに重点をおいて勉強することができ、また、記述問題にも対応することができるようにしています。

・**確認問題**　各章の末尾に、項目ごとの○×式の確認問題を設けています。確認問題を解き、それぞれの項目で勉強した知識を確認し、復習することで、知識の定着を図ることができるようにしています。

　なお、**平成26年改正法**（地方公務員法及び地方独立行政法人法の一部を改正する法律）及び**行政不服審査法施行法**（行政不服審査法の施行に伴う関係法律の整備等に関する法律）による改正を踏まえた内容としました。

　この本を勉強することで、皆さんが目標を達せられることを願っています。

加藤　敏博

齋藤　陽夫

第1章　地方公務員制度

第2章　人事機関

第3章　職員の任用及び離職

第4章　職員の義務

本書で使用した法令等の略語は、次のとおりである。

育休法	育児休業、介護休業等育児又は家族介護を行う労働者の福祉に関する法律
外国派遣職員処遇法	外国の地方公共団体の機関等に派遣される一般職の地方公務員の処遇等に関する法律
行訴法	行政事件訴訟法
教特法	教育公務員特例法
勤務時間法	一般職の職員の勤務時間、休暇等に関する法律
刑訴法	刑事訴訟法
公益法人等派遣法	公益的法人等への一般職の地方公務員の派遣等に関する法律
構造改革特区法	構造改革特別区域法
公立学校事務職員休職特例法	公立の学校の事務職員の休職の特例に関する法律
地教行法	地方教育行政の組織及び運営に関する法律
地共済法	地方公務員等共済組合法
地公労法	地方公営企業等の労働関係に関する法律
地自法	地方自治法
地方公務員育休法	地方公務員の育児休業等に関する法律
地方独法法	地方独立行政法人法

任期付職員採用法	地方公共団体の一般職の任期付職員の採用に関する法律
任期付研究員採用法	地方公共団体の一般職の任期付研究員の採用等に関する法律
補助教職員確保法	女子教職員の出産に際しての補助教職員の確保に関する法律
民訴法	民事訴訟法
労基法	労働基準法
労組法	労働組合法

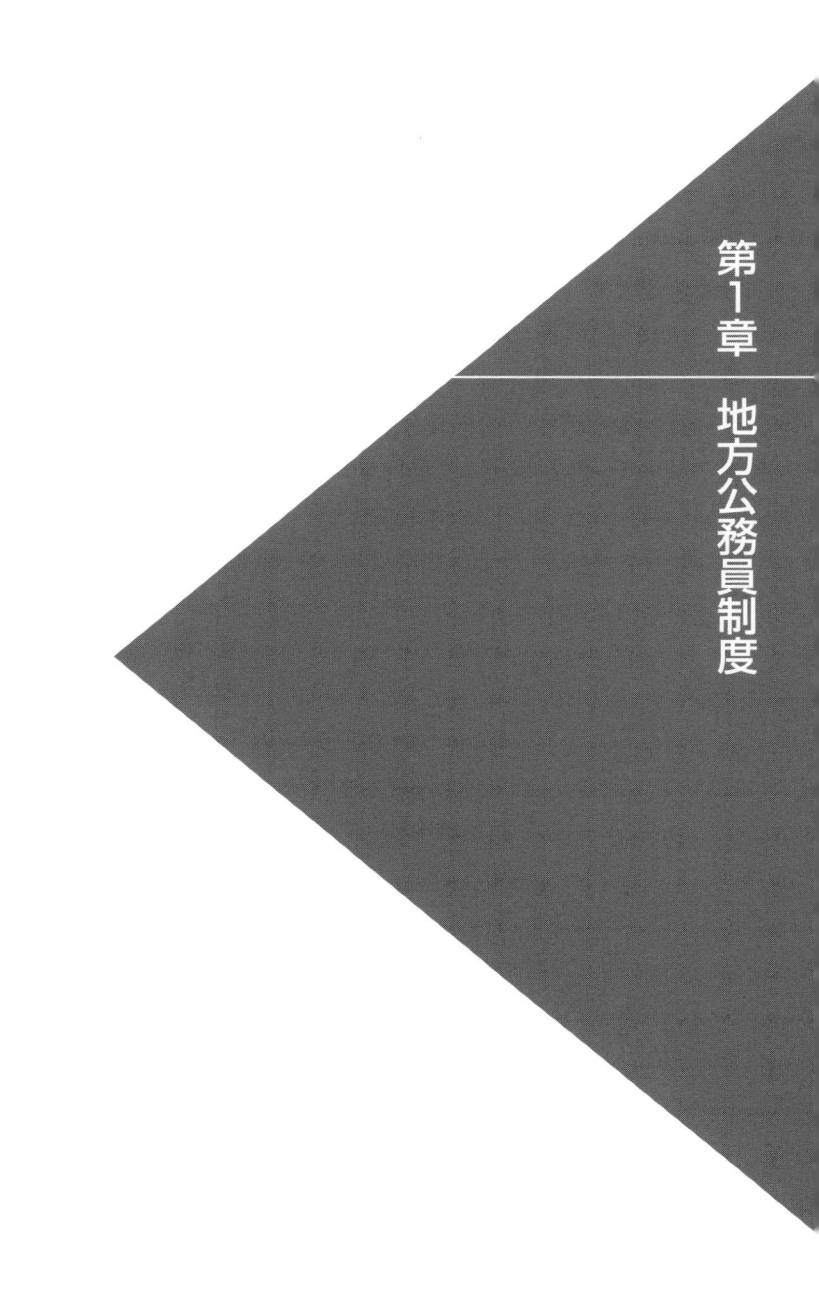

第1章　地方公務員制度

［1］ 地方公務員の意義と種類

【基本】地方公務員とは何か。

　地方公務員とは、本来的には、地方公共団体の全ての公務員をいうほか（2条）、特定地方独立行政法人の役員及び職員も地方公務員とされている（3条1項）。

　ある具体的な職にある者が地方公務員かどうかは、必ずしも明確ではない場合があるが、その判断の基準として、ⅰその従事する職務がその地方公共団体又はその執行機関の事務か否か、ⅱ地方公務員としての任命行為が行われているか否か、ⅲ勤労の対価として地方公共団体から報酬、給料等を受けているか否かの3点について総合的に判断して、決定すると解されている。

【基本】一般職と特別職はどのようなもので、どのような違いがあるか。

1　一般職と特別職（3条）

　地方公務員（地方公共団体及び特定地方独立行政法人の全ての公務員）の職は、①一般職と②特別職に分けられる。

① 一般職　特別職に属する職以外の一切の職
② 特別職　次の職が地方公務員法に限定的に列挙されている。
　　ⅰ　就任について、㋐公選又は㋑地方公共団体の議会の選挙、議決若しくは同意を要する職　地方公共団体の長、議会の議員、副知事・副市町村長、監査委員、選挙管理委員等
　　ⅱ　地方公営企業の管理者・企業団の企業長の職
　　ⅲ　法令又は条例等による委員及び委員会（審議会等を含む。）の構成員の職で臨時又は非常勤のもの
　　ⅳ　都道府県労働委員会の常勤の委員
　　ⅴ　臨時又は非常勤の顧問、参与、調査員、嘱託員及びこれらの者に準ずる者の職

　vi　地方公共団体の長、議会の議長等の秘書の職で条例で指定するもの

　vii　非常勤の消防団員及び水防団員

　viii　特定地方独立行政法人の役員

2　一般職と特別職の差異

　一般職と特別職の差異は、全ての一般職の地方公務員には地方公務員法が適用されるが、特別職の地方公務員には原則として適用がない点である。具体的には、一般職と異なり、特別職には、i 成績主義の適用がないこと、ii 原則として、任期の定めがあること、iii 他の職務を兼ね又は他の職に従事することが制限されないこと、iv 自らの判断と責任により職務を遂行すること、v 政治的な中立性が必ずしも要求されないこと等に違いがある。

【発展】一般職には、どのような種類があるか。

　一般職の地方公務員に地方公務員法の全ての規定が適用される訳ではなく、例えば、次のような特例が定められている。

①　臨時的任用職員その他の任期付職員及び非常勤職員　i 部分休業、自己啓発等休業及び配偶者同行休業を定める規定、ii 定年制を定める規定の適用がない。

②　臨時的任用職員　分限処分の事由、不利益処分の説明書の交付等を定める規定の適用がない（［14］参照）。

③　地方公営企業の職員、特定地方独立行政法人の職員、単純労務職員　人事委員会・公平委員会の権限、政治的行為の制限、職員団体等に関する規定の適用がない。

④　警察・消防職員　職員団体に関する規定の適用がない。

⑤　教育公務員　条件付採用、政治的行為の制限、営利企業への従事等の制限、研修等について特例が定められている。

［2］ 地方公務員に関する法制

【基本】地方公務員に関する法律にはどのようなものがあるか。

　地方公務員に関する基本的な法律は、①地方自治法と②地方公務員法である。

① 　地方自治法　地方公共団体の区分や組織及び運営に関する事項の大綱等を定める基本法であり、地方公共団体の組織及び運営の観点から職員の設置について規定し、その任用その他の身分取扱いについては地方公務員法に委任している。

② 　地方公務員法　ⅰ地方公共団体の人事機関、ⅱ地方公務員の㋐任用、㋑人事評価、㋒給与、勤務時間その他の勤務条件、㋓休業、㋔分限及び懲戒、㋕服務、㋖退職管理、㋗研修、㋘福祉、㋙利益の保護、㋚団体等の人事行政に関する根本基準について定める。これにより、行政の民主的・能率的な運営と特定地方独立行政法人の事務・事業の確実な実施を保障し、地方自治の本旨の実現に資することを究極的な目的とする。

【基本】地方公務員はどのような法の適用関係にあるか。

　地方公務員に関する従前の法令又は条例、地方公共団体の規則若しくは地方公共団体の機関の定める規程の規定が地方公務員法の規定に抵触する場合は、同法の規定が優先する（2条）。

　これに対し、①特定の職の職務と責任の特殊性に基づいて特例法が定められ、又は②地方公務員法の定める特定の分野について、特別の必要がある場合に、特例法が定められている。

① 　職員の職に応じた特例法

　　ⅰ 　教職員（校長、教員及び事務職員）　地方教育行政の組織及び運営に関する法律が基本的な特例法となり、身分関係は教育公務員特例法、給与等は公立の義務教育諸学校等の教育職員の給与等に関する特別措置法等が適用される。

　　ⅱ　地方公営企業の職員・単純労務職員　地方公営企業法及び
　　地方公営企業等の労働関係に関する法律が適用される。
　　ⅲ　特定地方独立行政法人の職員　地方独立行政法人法及び地
　　方公営企業等の労働関係に関する法律が適用される。
　　ⅳ　その他、職員の職に応じて、警察法、消防組織法、水防法、
　　船員法等が適用される。
②　地方公務員法に定める分野についての特例法
　　ⅰ　任用等　地方公共団体の一般職の任期付職員の採用に関す
　　る法律、地方公共団体の一般職の任期付研究員の採用等に関
　　する法律、外国の地方公共団体の機関等に派遣される一般職
　　の地方公務員の処遇等に関する法律、公益的法人等への一般
　　職の地方公務員の派遣等に関する法律等
　　ⅱ　休業等　地方公務員の育児休業等に関する法律
　　ⅲ　福祉　地方公務員災害補償法、地方公務員等共済組合法
　　ⅳ　団体　職員団体等に対する法人格の付与に関する法律
　　また、地方公務員法等に基づき、地方公共団体において、さま
ざまな分野において条例、規則、規程が制定されている。

【基本】労働関係法は、職員にどのように適用されるか。

　　職員は、その身分の特殊性の観点から、ⅰ労働基本権を前提と
する労働組合法と労働関係調整法は、最低賃金法とともに、適用
されない。ⅱ労働基準法は、原則的に適用されるが、地方公務員
制度に適合しない若干の規定は適用されない。ⅲ労働安全衛生法
は、一部の規定が適用されない。なお、ⅱ・ⅲの労働基準監督機
関の職権は、人事委員会又はその委任を受けた委員（人事委員会
を置かない地方公共団体は、地方公共団体の長）が行う。また、
ⅱ・ⅲは、地方公営企業の職員及び単純労務職員には、ほぼ全て
適用される（58条）。

[１]　地方公務員の意義と種類

１（　）地方公務員とは、本来的には、地方公共団体の全ての公
　　　　務員をいい、公務員は、公務に従事している者である。

２（　）地方公共団体の議会の議員、特定地方独立行政法人の役
　　　　員及び地方公営企業の管理者の職は、全て特別職である。

３（　）一般職にも、会計管理者のように、その就任について議
　　　　会の同意を得なければならない職がある。

４（　）臨時又は非常勤の職は、臨時的任用その他の法律で特に
　　　　定める職を除き、特別職である。

５（　）特別職は、原則として地方公務員法の規定が適用されず、
　　　　一般職は、地方公務員法の全ての規定が適用される。

[２]　地方公務員に関する法制

１（　）地方公務員法は、人事行政に関する根本基準を確立する
　　　　ことを直接の目的とする。

２（　）教職員は、その身分関係について教育公務員特例法が定
　　　　められており、地方公務員法の適用を受けない。

３（　）職員には、労働組合法、労働関係調整法及び最低賃金法
　　　　並びにこれらに基づく命令の規定は適用されない。

４（　）職員の勤務時間は、労働基準法の労働時間に関する規定
　　　　は適用されず、地方公務員法に基づいて条例で定める。

[1]

1　×　特定地方独立行政法人の役職員も地方公務員である。公務員か否かは、職務、任命行為等を総合的に判断する。

2　○　記述のとおり。

3　×　一般職は、会計管理者を含め、任命につき議会の同意を要件とすることはない。

4　×　臨時又は非常勤の職のうち、顧問、参与、調査員、嘱託員及びこれらの者に準ずる者の職が特別職である。

5　×　一般職には地方公務員法の規定が適用されるが、全ての職について、全ての規定が適用されるわけではない。

[2]

1　○　記述のとおり。

2　×　教育公務員特例法は、地方公務員法の特例を定めるもので、同法の適用を除外するものではない。

3　○　記述のとおり。

4　×　職員の勤務時間は、条例で定めるが、原則として労働基準法の規定が適用される。

第2章　人事機関

［3］　人事委員会・公平委員会1

【基本】人事機関とは何か。

　地方公共団体は、その事務を執行するために、職員を置いており、その職員の任用、人事評価、給与、勤務時間その他の勤務条件、休業、分限及び懲戒、服務、退職管理、研修並びに福祉及び利益の保護等の人事行政を行うことが必要になる。その人事行政について最終的な権限を有する機関が、人事機関である。地方公共団体の人事機関は、ⅰ任命権者及びⅱ行政委員会である人事委員会又は公平委員会である（2章）。

【基本】なぜ人事委員会・公平委員会が置かれているのか。

　人事委員会・公平委員会は、人事権を直接行使する機関ではなく、任命権者の適正な人事権の行使のための助言や、人事行政に関する不服等の審査を担任する機関である。また、人事委員会・公平委員会は、職員の労働基本権が制限されているため、民間では労使間の交渉によって決定されるべき事項について、中立の第三者的な機関としてこれを判断する機関である。つまり、ⅰ成績主義に基づく科学的人事行政のための専門的人事行政機関として、また、ⅱ公務員の労働基本権の制限の代償措置としての中立の第三者機関として置かれている。

【基本】人事委員会・公平委員会は、どのような地方公共団体に置かれるのか。

　地方公共団体は、条例で、次のように人事委員会又は公平委員会を置かなければならない（7条1〜4項）。
①　都道府県及び指定都市　人事委員会を置く。
②　指定都市以外の市で人口15万以上のもの及び特別区　人事委員会又は公平委員会のいずれかを置く。

③ 人口15万未満の市、町村及び地方公共団体の組合　公平委員会を置く。ただし、議会の議決を経て定める規約により、ⅰ他の③の地方公共団体と共同して公平委員会を置くこと、又はⅱ他の地方公共団体の人事委員会に公平委員会の事務を委託することができる。

【基本】人事委員会・公平委員会は、どのように組織され、運営されるか。

① 組織　人事委員会・公平委員会は、3人の委員で組織し、議会の同意を得て地方公共団体の長が任命する。なお、2人の委員が同一の政党所属者にならないよう調整規定がある。

② 委員　委員の任期は4年で、心身の故障又は職務上の義務違反その他非行がある場合を除き、その意に反して罷免されない。ただし、欠格事由（［9］参照）に該当すると失職する。また、人事委員会の委員は常勤又は非常勤で、公平委員会の委員は非常勤である。

③ 委員長　委員のうちから委員長を選挙し、委員長は、委員会に関する事務を処理し、委員会を代表する。

④ 会議　会議は、3人（会議を開かなければ公務の運営又は職員の福祉・利益の保護に著しい支障が生ずると認められる十分な理由があるときは2人）の出席で開き、議事は、出席委員の過半数で決する。議事は、議事録として記録する。

⑤ 事務局等　人事委員会には、原則として事務局を置き、事務局に事務局長その他の事務職員を置く。公平委員会には、事務職員を置く。ただし、競争試験等を行う公平委員会には、事務局を置くことができる。事務局長の職は、委員が兼ねることができる。事務局長には委員会の事務の一部を委任することができる。

【発展】人事委員会には、どのような権限があるか。

① 人事委員会の権限　次の権限が定められている（8条1項）。
  i 人事行政に関する事項の調査・人事記録に関することの管理・その他人事に関する統計報告の作成
  ii 人事評価、給与、勤務時間その他の勤務条件、研修、厚生福利制度その他職員に関する制度の研究・研究成果の提出（地方公共団体の議会若しくは長又は任命権者）
  iii 人事機関及び職員に関する条例の制定又は改廃に関する意見の申出（地方公共団体の議会及び長）
  iv 人事行政の運営に関する勧告（任命権者）
  v 勤務条件に関し講ずべき措置についての勧告（地方公共団体の議会及び長）
  vi 職員の競争試験及び選考並びにこれらに関する事務
  vii 職員に対する給与の支払の監理
  viii 勤務条件に関する措置要求を審査・判定・必要な措置
  ix 不利益な処分についての審査請求に対する裁決
  x viii・ixを除き、職員の苦情の処理
  xi i〜xを除き、法律又は条例に基づきその権限に属させられた事務
② 権限に属する事務に関し認められた権限
  i 人事委員会規則の制定権（8条5項）
  ii 法律又は条例に基づく権限の行使に関し、証人を喚問する権限及び書類・その写の提出を請求する権限（8条6項）
  iii 人事行政に関する便宜の授受のため、国・他の地方公共団体の機関等との間で協定を締結する権限（8条7項）
  iv 職員に関する事項を定める条例の制定・改廃の際に、議会において意見を述べる権限（5条2項）

③　人事委員会のした処分・裁決に対する行政事件訴訟で地方公共団体を被告とするものについては、人事委員会がその地方公共団体を代表する（8条の2）。

④　①～③のほか、地方公務員法の各規定中に、一定の勧告をする権限、一定の事項を定める権限等が定められている。また、ⅰ職員団体の登録（53条）、ⅱ職員の勤務条件に関する労働基準監督機関の職権の行使（58条5項）等を行う。

【発展】公平委員会には、どのような権限があるか。

　人事委員会は、上記のようにⅰ行政的権限（人事行政に関する調査、勧告及び意見の申出、競争試験及び選考等）、ⅱ準司法的権限（勤務条件に関する措置要求の審査等、不利益処分についての審査請求に対する裁決及び苦情処理）、ⅲ準立法的権限（委員会規則の制定）を全て有している。これに対し、公平委員会は、ⅱ及びⅲの権限を有しているが、ⅰの権限については、職員団体の登録等の権限を除き、有しない。具体的には、上記の人事委員会の権限のうち、①ⅷ～ⅺ、②ⅰ～ⅲ、③である。

　このほか、条例の定めるところにより、①ⅵを行うことができる。この場合、公平委員会規則で定める事務を当該地方公共団体の他の機関又は公平委員会の事務局長に委任できる（9条）。

【基本】人事委員会・公平委員会の業務状況はどのように公表されるか。

　人事委員会又は公平委員会は、条例で定めるところにより、毎年、地方公共団体の長に対し、業務の状況を報告しなければならない。地方公共団体の長は、この報告を受けたときは、条例で定めるところにより、毎年、これを公表しなければならない（58条の2第2・3項）。

［5］ 任命権者

【基本】任命権者とは何か。どのような者が任命権者か。

1 任命権者の意義（6条1項）

　任命権者とは、狭義の「任命」をする権限を有する者ではなく、広義の任命権（人事権）を職員に対して直接行使する権限を有する者をいう。すなわち、任命権者は、法律に特別の定めがある場合を除き、地方公務員法並びに同法に基づく条例、地方公共団体の規則及び地方公共団体の機関の定める規程に従い、それぞれ職員の任命、人事評価、休職、免職及び懲戒等の人事権を行使する。

2 任命権者である機関（6条1項等）

　任命権者及び任命権の対象となる者は、次のとおりである。

① 　地方公共団体の長　長の補助職員

② 　地方公共団体の議会の議長　議会の事務局の事務局長、書記長、書記その他の職員

③ 　ⅰ選挙管理委員会の委員長、ⅱ代表監査委員、ⅲ教育委員会、ⅳ人事委員会・公平委員会、ⅳ農業委員会　各委員会・委員の書記長、書記その他の職員（県費負担教職員は、都道府県・指定都市の教育委員会）

④ 　警視総監・道府県警察本部長（都道府県公安委員会の意見を聴いて任免）　警察官（警視以上の者を除く。）その他の職員

⑤ 　市町村の消防長（特別区の区域の消防の消防長を含む。）・消防団長（市町村長の承認を得て任命）　消防職員・消防団員

⑥ 　地方公営企業の管理者（企業長を含む。）　企業職員

⑦ 　特定地方独立行政法人の理事長　特定地方独立行政法人の職員

【発展】任命権は、どのような機関に委任できるか。また、再委任は可能か。

　任命権者は、その権限の一部を補助機関（任命権者の事務・権限の執行を補助する機関）である上級の地方公務員に委任することができる（6条2項）。上級の地方公務員は、一般職の地方公務員に限らず、また、これに該当するか否かは、地方公共団体の規模、組織、人事に関する権限分配等を考慮して判断する。委任することができるのは、任命権の一部である。

　任命権の委任を受けた者が、さらにその権限を他の者に委任（再委任）することすることは、法律に特別の定めがない限り、できないと解されている。

【発展】任命権者の人事行政等は、どのように公表されるか。

1　人事行政の運営等の状況の公表（58条の2）

　ⅰ任命権者は、条例で定めるところにより、毎年、地方公共団体の長に対し、職員（臨時的任用職員及び短時間勤務職員以外の非常勤職員を除く。）の任用、人事評価、給与、勤務時間その他の勤務条件、休業、分限及び懲戒、服務、退職管理、研修並びに福祉及び利益の保護等、人事行政の運営の状況を報告しなければならない。ⅱ地方公共団体の長は、ⅰの報告を受けたときは、条例で定めるところにより、毎年、これを取りまとめ、その概要を公表しなければならない。

2　等級等ごとの職員の数の公表（58条の3）

　ⅰ任命権者は、給料表の等級及び職員の職の属する職制上の段階ごとに、職員の数を、毎年、地方公共団体の長に報告しなければならない。ⅱ地方公共団体の長は、毎年、ⅰの報告を取りまとめ、公表しなければならない。

［３］・［４］　人事委員会・公平委員会

1　（　）人事機関とは、職員の任命権を有する機関であり、任命権者及び人事委員会又は公平委員会がこれに該当する。

2　（　）人事委員会を設置しなければならないのは、都道府県、指定都市、人口15万以上の市及び特別区である。

3　（　）人事委員会及び公平委員会の委員は、地方公共団体の議会により選挙される非常勤の職で、任期は４年である。

4　（　）人事委員会も公平委員会も、規則を制定する権限と人事行政に関する勧告をする権限を有している。

5　（　）人事委員会も公平委員会も、法律又は条例に基づく権限の行使に関し、証人を喚問する権限を有している。

6　（　）職員の競争試験及び選考並びにこれらに関する事務は、人事委員会のみが行う。

7　（　）職員に適用される基準について条例を定めるときは、議会において人事委員会の意見を聴かなければならない。

［５］　任命権者

1　（　）任命権者とは、職員の任命をはじめ、休職・免職・懲戒等の人事権を職員に対して直接行使する機関をいう。

2　（　）地方公共団体の任命権者は、地方公共団体の長その他の執行機関及び議会の議長である。

3　（　）任命権者は、その権限の一部をその補助機関たる地方公務員に委任し、又はこれを再委任することができる。

4　（　）任命権者は、毎年、全ての職員についての人事行政の運営の状況を公表しなければならない。

[3]・[4]

1　×　任命権者は、人事行政について最終的権限を有
　　　する機関であり、任命権に限らない。

2　×　人口15万以上の市と特別区は、人事委員会又は
　　　公平委員会のいずれかを設置する。

3　×　委員は、議会の同意を得て長が選任する。人事
　　　委員会の委員は、常勤又は非常勤である。

4　×　公平委員会は、人事行政に関する権限を持たな
　　　いから、人事行政に関する勧告をする権限を有
　　　しない。

5　○　記述のとおり。

6　×　条例で定めた場合には、公平委員会が記述の事
　　　務を行うことができる。

7　○　記述のとおり。

[5]

1　○　記述のとおり。

2　×　執行機関の全てが任命権者ではない。また、警
　　　視総監・道府県警察本部長や消防長も任命権者
　　　である。

3　×　委任できるのは、補助機関たる上級の地方公務
　　　員であり、再委任は、原則としてできない。

4　×　任命権者は、地方公共団体の長に対し、職員
　　　（臨時的任用職員及び短時間勤務職員以外の非
　　　常勤職員を除く。）の人事行政の運営の状況を
　　　報告しなければならない。

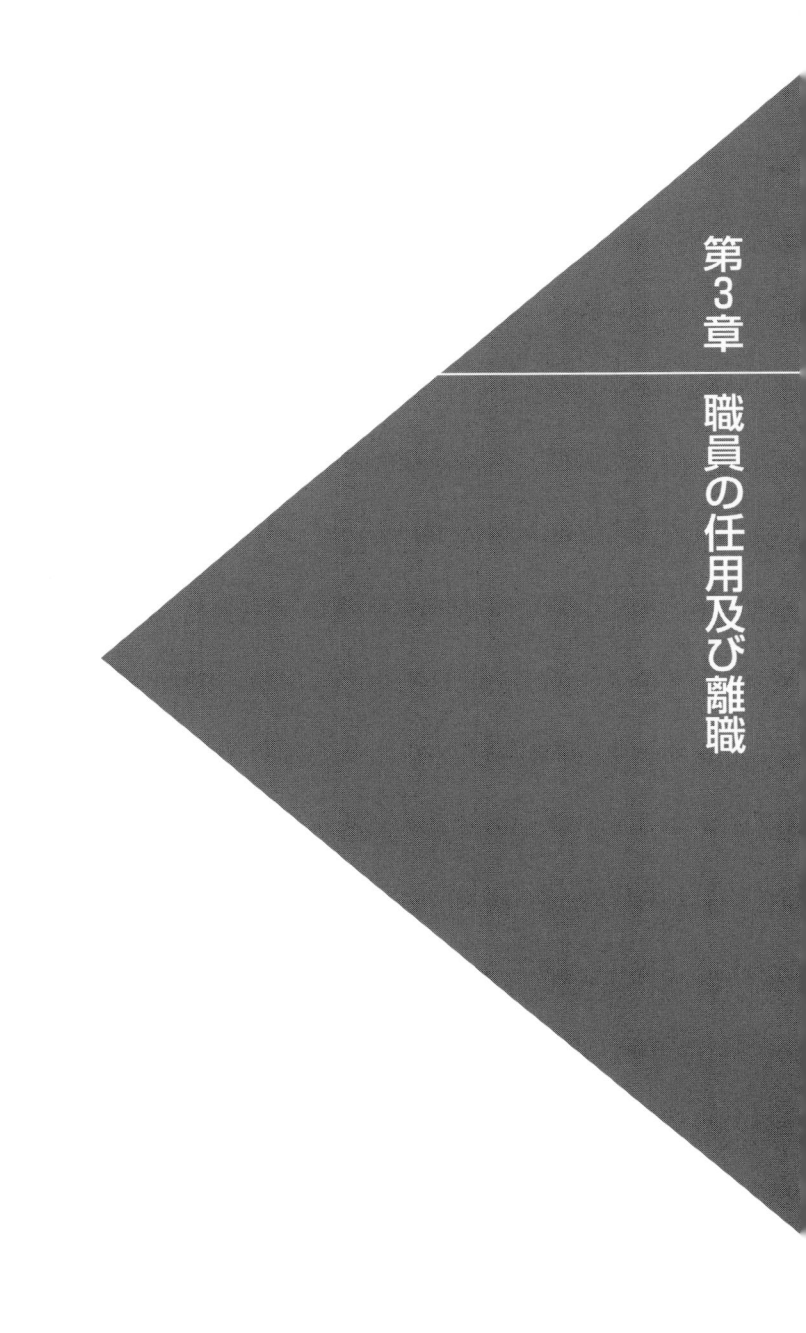

第3章　職員の任用及び離職

［6］ 平等取扱いの原則・情勢適応の原則

【基本】 平等取扱いの原則とは何か。

　平等取扱いの原則（13条）は、全て国民は、地方公務員法の適用について、平等に取り扱われなければならず、人種、信条、性別、社会的身分若しくは門地によって、又は政治的意見若しくは政治的所属関係によって差別されてはならないとする原則である。ただし、憲法又はその下に成立した政府を暴力で破壊することを主張する政党その他の団体の結成又は加入は、平等取扱いの原則の例外とされており、これらの行為をした者は、欠格条項（16条）に該当する。

　平等取扱いの原則は、憲法14条に「すべて国民は、法の下に平等であって、人種、信条、性別、社会的身分又は門地により、政治的、経済的又は社会的関係において、差別されない。」と規定されており、これを受けて職員の取扱いについて具体的に規定したものである。なお、労働基準法（3条）にも同じ趣旨である均等待遇に関する規定があり、職員に適用される。

　平等取扱いの原則の「平等」とは、絶対的又は画一的な平等を意味するのではなく、合理的な理由がなく差別することを禁止する趣旨であり、各人の事実上の差異に相応して取扱いを区別することは、その区別が合理性を有する限り、許される。

【基本】 情勢適応の原則とは何か。

　情勢適応の原則（14条1項）は、地方公共団体は、地方公務員法に基づいて定められた給与、勤務時間その他の勤務条件が社会一般の情勢に適応するように、随時、適当な措置を講じなければならないとする原則をいう。

　職員の勤務条件は、民間労働者の労働条件と異なり、地方公務員法及び条例に基づいて定められるため、社会一般の情勢に適応

して弾力的に勤務条件を変更しにくい仕組みとなっている。また、職員は、労働基本権の制限を受けているため、その代償として、勤務条件を適切に定める必要がある。このことは、優秀な職員を確保し、また、職員の公務能率を維持するためにも重要である。このため、情勢適応の原則が定められている。

【発展】 平等取扱いの原則は、どのように実現されるか。

平等取扱いの原則は、単に宣言的な規定ではなく、ⅰこれに違反して差別をした者は、1年以下の懲役又は50万円以下の罰金に処せられる（60条1号）。また、ⅱ平等取扱いの原則に違反して不利益な処分を受けた場合には、人事委員会又は公平委員会に対して審査請求をすることができる。ⅲ平等取扱いの原則に違反して昇給、昇格等がなされなかった場合には、措置の要求をすることができると解されている。

【発展】 国籍は、平等取扱いの原則の対象か。

判例（平17・1・26最大判）は、公権力の行使に当たる行為若しくは重要施策の決定又はこれらに参画する職務の職員に外国人が就任することは、国民主権の原理に基づき、本来我が国の法体系の想定するところではない、として、管理職への昇任を日本国民の職員に限ることを合理的であるとしている。

【発展】 情勢適応の原則は、どのように実現されるか。

人事委員会は、ⅰ随時、情勢適応の原則に基づいて講ずべき措置について、地方公共団体の議会及び長に勧告することができる（14条2項）。また、ⅱ給料表に関する報告の際に、給料表に定める給料額の増減が適当と認めるときは、勧告することができる（26条）。なお、この原則の違反に対する罰則はない。

29

［7］ 任用の意義と根本基準

【基本】任用とは何か。

　「任用」とは、任命権者が特定の人を特定の職につけることをいう。すなわち、特定の「職」につけることであり、職員としての「身分」だけを付与するということではない。これは、地方公務員法では、職員の身分とその職は一体のものと観念されているからである（なお、休職中の職員は、職務に従事しないだけで、職は保有している）。

　地方公務員法には、「任用」の語のほかに「任命」の語が用いられており（17条1項）、任用と同義と解してよい。

【基本】任用の根本基準はどのようなもので、どのような趣旨で定められているか。

1　任用の根本基準（15条）

　職員の任用は、地方公務員法に定めるところにより、受験成績、人事評価（［19］参照）その他の能力の実証に基づいて行わなければならないとするもので、これを「成績主義」という。

　このうち、「受験成績」とは、競争試験又は選考によって示された受験者の成績をいい、「その他の能力の実証」とは、職種に応じて法令上必要とされている免許（医師について医師免許、教員について教員免許等）を得ていることや一定の学歴や職歴などを有していることをいう。

　成績主義は、一般職の全ての職員について、例外なく適用される。臨時的任用職員も成績主義の適用が除外されておらず、緩和された形であるがその適用を受ける。また、成績主義の規定は、訓示的なものではなく、この規定に違反して任用した者は、3年以下の懲役又は100万円以下の罰金に処せられる。また、違反を企て、命じ、故意に容認し、唆し、又はほう助した者も同じ刑に

処せられる。

2 成績主義の趣旨

任用の根本基準として成績主義が定められているのは、次の理由による。ⅰ地方公共団体の行政運営を効率的に行うためには、優秀な人材を確保し、それを優れた職員として育成することが重要であること、ⅱ成績主義（メリット・システム）と対立する概念である猟官主義（スポイルズ・システム）は、縁故や情実による任用を招き、人事が不公正となり、ひいては公正な行政に対する住民の信頼を損ないかねないことである。

【発展】任用行為は、どのような法的性質を持つか。

任用行為のうちの「採用」の法的性質については、次のような学説がある。

① 公法上の契約説　地方公共団体と職員となろうとする者との双方の合意によって成立する契約であるとする説

② 一方的行政行為説　公務の必要に基づき、一方的に職員たる地位を付与する行政行為であるとする説

③ 相手方の同意を要する行政行為説　行政庁の優越的地位に基づく行政行為の一種であるが、一般の行政行為と異なり、その性質上、相手方の同意を要する行為であるとする説

このうち、①説は、採用に当たっての両当事者の意思を重視するが、公共の利益実現という任用行為の使命を軽視しており、②説は、その逆である。③説は、通説であり、妥当と思われる。

［8］　任用の種類と運用

【基本】任用にはどのような種類があり、それぞれどのようなものか。

1　任用の種類（17条）

　任用には、①採用、②昇任、③降任及び④転任があり、任命権者は、職員の職に欠員が生じた場合には、①～④のいずれか1つの方法により、職員を任命することができる。また、人事委員会（競争試験等を行う公平委員会を含む。）は、いずれの方法によるかについての一般的基準を定めることができる。

2　採用・昇任・降任・転任の意義（15条の2第1項）

① 　採用　職員以外の者を職員の職に任命すること（臨時的任用を除く。）をいう。「職員の職」とは、法令、条例、規則等により公の名称が与えられている職務上の地位をいう。

② 　昇任　職員をその職員が現に任命されている職より上位の職制上の段階に属する職員の職に任命することをいう。これに対し、昇格は、等級別標準職務表の上位の等級に変更することをいうが、同一の職制上の段階に属する職について複数の等級が定められている場合は、昇任とならない昇格がある。

③ 　降任　職員をその職員が現に任命されている職より下位の職制上の段階に属する職員の職に任命することをいう。

④ 　転任　職員をその職員が現に任命されている職以外の職員の職に任命することであって②・③に該当しないものをいう。

【発展】地方公務員法に定める任用のほかに、どのようなものがあるか。

　地方公務員法に基づく任用のほかに、他の法律に基づいて、あるいは事実上、次の任用が行われている。

① 　兼職　職員をその職を有したままで他の職に任命することを

いう。同一地方公共団体内の兼職以外の場合、任命権者は、ⅰ
兼ねている職に従事する時間について職務専念義務を免除する
こと、ⅱ他の地方公共団体の職と兼職する場合、重複給与の禁
止（24条4項）に基づき任命権者間で給与を調整すること、ⅲ
兼職する職について報酬を得る場合、営利企業等の従事の許可
（38条1項）を行うこと。なお、他の地方公共団体の職を兼ね
る制度に、派遣職員制度（地自法252条の17、災害対策基本法
29条等）がある。

② 　充て職　一定の職にある職員が当然に他の特定の職に就く
こととする制度をいう。兼職の一形態であるが、充てられる職に
ついて具体的な任命行為を必要としない。任命権者間で職員を
融通する場合（地自法180条の3）にも行われる。

③ 　事務従事　職員に対して他の職の職務を行うことを命ずるこ
とをいい、職務命令による点で①と異なる。任命権者間で職員
を融通する場合（地自法180の3）等に行われる。「事務取扱」
といわれるものも事務従事の一種である。

④ 　出向　慣習的に用いられている発令形式であり、ⅰ他の任
権者の機関への転任、ⅱ他の任命権者の機関への事務従事、ⅲ
国や他の地方公共団体への派遣等を命ずることを意味する。
ⅰ・ⅲの場合には、受入れ側の任命権者による新たな任命行為
が必要となる。

⑤ 　派遣　法令に基づいて職員を派遣する場合の派遣先には、ⅰ
①の派遣職員制度のほか、ⅱ地方公務員共済組合（地共済法18
条1項）等の公共機関、ⅲ外国の地方公共団体の機関等（外国
派遣職員処遇法2条）、ⅳ一定の公益法人等（公益法人等派遣
法2条）があり、それぞれ身分取扱いが定められている。なお、
地方公共団体が出資する公社等への派遣は、いったん退職させ
る方法により行う（公益法人等派遣法10条）。

［9］ 欠格条項

【基本】欠格条項とはどのようなものか。また、どのような趣旨で定められているか。

1 欠格条項の意義

一般に、人が一定の事由に該当する場合に、特定の地位又は職に就くことを認めない旨を規定した法律上の規定を欠格条項といい、その一定の事由のことを欠格事由という。

ⅰ欠格事由に該当する者は、条例に定めがある場合を除き、㋐職員となること、㋑競争試験又は選考を受けることができない（16条）。ⅱ職員が欠格事由に該当するに至ったときは、条例に特別の定めがある場合を除き、失職する（28条4項）。

2 欠格条項の趣旨

本来、国民は地方公務員法の適用について平等に取扱わなければならないが（13条）、職員は、全体の奉仕者として公共の利益のために勤務すべき地位にあるから（30条）、職員となることができる者を、それにふさわしい一定の要件を備えた者に限る必要がある。欠格条項は、このような必要性に基づいて、職員として備えるべき最低限必要な要件を定めた規定である。

【基本】どのような欠格事由が定められているか。

① 成年被後見人及び被保佐人 成年被後見人とは、精神上の障害により事理を弁識する能力を欠く常況にある者で、家庭裁判所において後見開始の審判を受けたもの（民法7条）をいう。被保佐人とは、精神上の障害により事理を弁識する能力が著しく不十分な者で、家庭裁判所において保佐開始の審判を受けたもの（民法11条）をいう。

② 禁錮以上の刑に処せられ、ⅰその執行を終わるまでの者又はⅱその執行を受けることがなくなるまでの者 禁錮以上の刑と

は、死刑、懲役及び禁錮をいう。ⅰは、刑務所において刑の執行を受けている者をいい、ⅱは、⑦刑の言渡しを受けた後その執行を受けず、刑の時効が完成していない者、⑦実刑判決を受けて服役後、仮釈放中の者、⑦執行猶予付の判決を受けて、執行猶予期間中の者をいう。

③　その地方公共団体において懲戒免職の処分を受け、その処分の日から２年を経過しない者　他の地方公共団体においては欠格事由に当たらない。

④　人事委員会又は公平委員会の委員の職にあって、地方公務員法第60条から第63条までに規定する罪を犯し刑に処せられた者　刑に処せられた者の刑には罰金刑も含まれ、刑の言渡し又は刑の免除の言渡しを受けてその言渡しの効力が消滅するまでの間にある者がこれに当たる。

⑤　憲法施行の日以後において、憲法又はその下に成立した政府を暴力で破壊することを主張する政党その他の団体を結成し、又はこれに加入した者　憲法尊重擁護義務（憲法99条）を負う職員の地位と相いれないため、政治的意見又は政治的所属関係による差別の禁止（13条）の例外とされている。

【発展】欠格条項に違反する採用は、どのような効果を持つか。

欠格条項に違反する採用は、重大な法令違反であるから、当然に無効である。したがって、誤って採用された者は何らの処分なく当然にその身分を失う。この場合、ⅰその者が実際に職員として行った行為は、無効とならない、ⅱその間の給与は、返還する必要はない、ⅲ退職手当及び退職一時金は、支給しない、ⅳその者には、採用が無効で、失職した旨を通知する、と解されている。職員が欠格事由に該当しそのことが判明するまでに時間を要した場合も、同様である。

[10]　採用等の方法1

【基本】採用は、どのような方法で行うのか。

　ⅰ ㋐人事委員会を置く地方公共団体及び㋑競争試験等を行う公平委員会を置く地方公共団体における職員の採用は、競争試験による。ただし、人事委員会規則又は公平委員会規則で定める場合は、選考によることができる。ⅱ ⅰ以外の地方公共団体における職員の採用は、競争試験又は選考による。

【基本】競争試験及び選考は、誰が行うのか。

　競争試験及び選考は、上記のⅰの地方公共団体にあっては人事委員会、ⅱの地方公共団体にあっては任命権者が行う。ただし、㋐他の地方公共団体の機関との協定により共同して行うこと、㋑国又は他の地方公共団体の機関との協定によりこれらの機関に委託して行うことができる（18条）。また、法律に規定はないが、㋒同一地方公共団体の任命権者が共同して行うこと、㋓同一地方公共団体の他の機関に委託して行うこともできる。

　なお、特定地方独立行政法人における競争試験及び選考は、理事長が行う（地方独法法53条3項）。

【基本】採用のための競争試験は、どのように行うのか。

1　採用のための競争試験（採用試験）の公開平等（18条の2）

　採用試験は、採用試験の試験機関が定める受験の資格を有する全ての国民に対して平等の条件で公開されなければならない。

2　受験資格（19条）

　採用試験の試験機関は、受験者に必要な資格として職務の遂行上必要であって最少かつ適当な限度の客観的かつ画一的な要件を定めなければならない。

3　採用試験の目的・方法（20条）

　採用試験の目的は、受験者が、ⅰ当該採用試験に係る職の属する職制上の段階の標準的な職に係る標準職務遂行能力及びⅱ当該採用試験に係る職についての適性を有するか否かを正確に判定することである。なお、当該採用試験に係る職の属する職制上の段階の標準的な職に係る標準職務遂行能力とは、職員の職について、職制上の段階及び職務の種類に応じ、任命権者が定める職制上の段階の標準的な職の職務を遂行する上で発揮することが求められる能力をいう（15条の2第1項5号）。

　採用試験は、筆記試験その他の採用試験の試験機関が定める方法により行う。

4　任用候補者名簿の作成とこれによる採用（21条）

①　人事委員会又は競争試験等を行う公平委員会を置く地方公共団体　ⅰ試験機関は、試験ごとに採用候補者名簿を作成し、採用候補者名簿には、採用試験において合格点以上を得た者の氏名及び得点を記載する。ⅱ任命権者は、採用候補者名簿に記載された者の中から職員の採用を行う。ⅲ採用候補者名簿に記載された者の数が採用すべき者の数よりも少ないときその他の人事委員会・公平委員会規則で定めるときは、人事委員会・公平委員会は、他の最も適当な採用候補者名簿に記載された者を加えて提示することができる。ⅳ以上のほか、採用候補者名簿の作成とこれによる採用の方法に関し必要な事項は、人事委員会・公平委員会規則で定める。

②　①以外の地方公共団体　採用候補者名簿を作成する義務はないが、①に準じてこれを作成するのが適当である。

5　試験の公正維持（18条の3・61条3号）

　試験機関に属する者その他職員は、ⅰ受験を阻害すること、ⅱ受験に不当な影響を与える目的で特別又は秘密の情報を提供することが禁止され、その違反につき罰則の定めがある。

【基本】採用のための選考は、どのように行うのか。

1　採用のための選考の意義と目的（21条の2第1項）

選考は、競争試験以外の能力の実証に基づく試験をいう。

選考の目的は、受験者が、ⅰ当該選考に係る職の属する職制上の段階の標準的な職に係る標準職務遂行能力及びⅱ当該選考に係る職についての適性を有するか否かを正確に判定することであり、採用試験と同じである。

2　選考の方法とこれによる採用（21条の2第2項）

選考の方法については、選考の試験機関に委ねられており、競争試験と同様の方法によることも、これと異なる方法によることもできる。

選考による職員の採用は、任命権者が、選考の試験機関が行う選考に合格した者の中から行う。

【基本】採用のための競争試験及び選考には、どのような特例があるのか。

1　地方公共団体の都合による退職者の特例（17条の2第3項）

人事委員会又は競争試験等を行う公平委員会（これらを置かない地方公共団体においては、任命権者）は、正式任用されていた職員が職制や定数の改廃、予算の減少に基づく廃職又は過員により離職した後において、その職に復帰する場合の資格要件、任用手続及び任用の際における身分に関して必要な事項を定めることができる。

2　採用候補者名簿がない場合の特例（18条2項）

人事委員会又は競争試験等を行う公平委員会は、ⅰその定める職員の職について採用候補者名簿がなく、かつ、ⅱ人事行政の運営上必要であると認める場合には、その職の採用試験又は選考に

相当する国又は他の地方公共団体の採用試験又は選考に合格した者を、その職の選考に合格した者とみなすことができる。人事委員会又は競争試験等を行う公平委員会を置かない地方公共団体においては、任命権者は、ⅱの場合に同様の取扱いをすることができる。

3　任期付職員等の特例（28条の4〜28条の6・任期付職員採用法3条1・2項・任期付研究員採用法3条1項）

　ⅰ定年退職者等の任期を定めた再任用は、選考による。ⅱ一般職の任期付職員のうち、㋐高度の専門的な知識経験又は優れた識見を有する者をその者が有する当該高度の専門的な知識経験又は優れた識見を一定の期間活用して遂行することが特に必要とされる業務に従事させる場合、㋑専門的な知識経験を有する者を当該専門的な知識経験が必要とされる業務に従事させる場合及びⅲ任期付研究員についても、選考による。

4　教育公務員の特例（教特法3条1項・11条・15条）

　教育公務員のうち、ⅰ大学の学長及び部局長の採用並びに教員の採用・昇任、ⅱ大学以外の学校の校長の採用及び教員の採用・昇任、ⅲ専門的教育職員（指導主事・社会教育主事）の採用・昇任は、選考による。

【基本】昇任は、どのような方法で行うのか。

1　昇任の方法（21条の3）

　昇任は、任命権者が、職員の受験成績、人事評価その他の能力の実証に基づき、ⅰ任命しようとする職の属する職制上の段階の標準的な職に係る標準職務遂行能力及びⅱ当該任命しようとする職についての適性を有すると認められる者の中から行う。

2　昇任試験又は選考の実施（21条の4）

①　昇任試験又は選考を行う場合　任命権者が職員を昇任させる場合のうち、ⅰ人事委員会及び競争試験等を行う公平委員会を置く地方公共団体においては人事委員会・公平委員会規則で定める職、ⅱⅰ以外の地方公共団体においては任命権者が定める職に昇任させるときは、当該職について昇任のための競争試験（昇任試験）又は選考のいずれかが行われなければならない。なお、ⅰの人事委員会規則・公平委員会規則は、あらかじめ任命権者の意見を聴いて定める。

②　試験機関　昇任試験又は選考は、ⅰ人事委員会及び競争試験等を行う公平委員会を置く地方公共団体においては人事委員会又は公平委員会が、ⅱⅰ以外の地方公共団体においては任命権者が行う。

③　昇任試験の受験資格等　ⅰ昇任試験は、㋐人事委員会及び競争試験等を行う公平委員会を置く地方公共団体においては人事委員会・公平委員会の指定する職、㋑㋐以外の地方公共団体においては任命権者の指定する職に正式任用された職員に限り、受験することができ、ⅱ昇任試験は、ⅰの全ての職員に平等の条件で公開されなければならない。また、ⅲ受験者に必要な資格として職務の遂行上必要で最少かつ適当な限度の客観的かつ画一的な要件が定められなければならない。ⅳ昇任試験の目

40

　的・方法、昇任候補者名簿の作成とこれによる昇任については、採用試験と同様である。
④　昇任のための選考の目的・選考の方法とこれによる昇任　採用のための選考と同様である。

【基本】降任及び転任は、どのような方法で行うのか。

1　降任の方法（21条の5第1項）

　降任は分限処分であり、職員を降任させる場合には、ⅰ当該職員について、分限処分の事由（[32]参照）に該当する必要がある。その上で、ⅱ任命権者は、当該職員の人事評価その他の能力の実証に基づき、㋐任命しようとする職の属する職制上の段階の標準的な職に係る標準職務遂行能力及び㋑当該任命しようとする職についての適性を有すると認められる職に任命する。

2　転任の方法（21条の5第2項）

　職員の転任は、任命権者が、職員の人事評価その他の能力の実証に基づき、㋐任命しようとする職の属する職制上の段階の標準的な職に係る標準職務遂行能力及び㋑当該任命しようとする職についての適性を有すると認められる者の中から行う。

【発展】採用内定にはどのような効果があるか。

　任命権者による採用が決定したときは、一般に、採用内定通知が行われる。この採用内定通知の法的効果について、民間企業の場合、判例は、これにより労働契約が成立するとする。しかし、地方公共団体の内定通知は、判例（昭57・5・27最判）は、採用手続を支障なく行うための準備手続としてなされる事実上の行為に過ぎず、職員としての地位を取得させることを目的とする意思表示でないから、その者を職員として採用すべき法律上の義務を負うものではないとする。

[13]　条件付採用

【基本】条件付採用とは何か。

　職員の採用は、全て条件付のものとし、その職員がその職において6か月を勤務し、その間その職務を良好な成績で遂行したときに正式採用になるとされており（22条1項）、このような任用関係のことを、条件付採用という。

　条件付採用は、ⅰ臨時的任用（22条2項）、ⅱ非常勤職員（㋐任期付職員採用法5条及び㋑地方公務員育休法18条1項に基づいて採用された短時間勤務職員を除く。）の任用（22条1項）、ⅲ定年退職者等の任期を定めた再任用（28条の4第5項）、ⅳ公益法人等派遣法10条1項に基づいて特定法人の業務に従事するために退職した者の採用については、適用されない。

【基本】条件付採用は、どのような趣旨で設けられているか。

　職員の採用は、競争試験又は選考により行われるから、採用された職員は、その職の職務を遂行するために必要な能力の実証を経ているといってよい。しかし、競争試験又は選考のみで職員としての能力を実証することは、技術的に困難である。そこで、条件付採用は、採用後一定期間実務に従事した成績に基づいて、実地に職務遂行の能力を有するかどうかを判定するために設けられている制度である。これは、民間企業の試用期間（労基法21条4号）と同じ趣旨である。

【基本】条件付採用の期間はどれだけか。また、それを延長又は短縮することができるか。

　条件付採用の期間は、採用後6か月間である。ただし、ⅰ人事委員会及び競争試験等を行う公平委員会を置く地方公共団体にあっては人事委員会又は公平委員会、ⅱⅰ以外の地方公共団体に

あっては任命権者は、この期間を採用後1年まで延長することができる。期間の延長が認められるのは、実際の勤務日数が非常に短い等、6か月以内に能力の実証が得られない客観的事情があるときに限られると解されている。条件付採用の期間の1年を超えての延長及び6か月未満の短縮は、認められない。

　条件付採用の期間中、職務を良好な成績で遂行したときは、特段の措置又は通知がなくても、正式任用となる。

　なお、公立の小学校等の教諭等の条件付採用の期間は、1年間とされている（教特法12条1項）。

【基本】条件付採用期間中の職員は、どのような身分取扱いを受けるか。

　原則として正式採用職員と同じであるが、次の点が異なる。
①　条件付採用期間中の職員は、分限処分の事由に関する規定の適用を受けないため（29条の2第1項）、法律に定める事由によらず、意に反して降任又は免職を受けることがあるほか、意に反して休職や降給を受けることがある。

　　ただし、分限が公正でなければならない旨の規定（27条1項）、平等取扱いの原則（13条）及び成績主義（15条）の規定が適用されるから、恣意的な分限処分が許されるわけではない。
②　条件付採用期間中の職員は、不利益処分に関する説明書の交付及び行政不服審査法の規定の適用を受けないため（29条の2第1項）、不利益処分を受けた場合に、ⅰその説明書の交付を受けることができず、ⅱ審査請求をすることができない。これに対し、裁判所に不利益処分の無効確認や取消しの訴えを提起することはできる。

　条件付採用期間中の職員の分限については、条例で必要な事項を定めることができる。

[14] 臨時的任用

【基本】臨時的任用とは何か。また、どのような場合に、どのくらいの期間行うことができるか。

1 臨時的任用の意義（22条2項）

臨時的任用は、一定の事由がある場合に限って、正式任用の例外として、任命権者が職員を臨時的に任用することを認めるものである。

2 臨時的任用の要件（22条2～7項）

臨時的任用を行うことができるのは、次の場合である。

① 緊急の場合　災害の発生その他緊急に職員の任用を必要とする場合である。

② 臨時の職に関する場合　臨時的に業務の繁忙等がある場合である。職そのものが臨時、暫定的なものである。

③ 採用候補者名簿又は昇任候補者名簿がない場合（人事委員会及び競争試験等を行う公平委員会を置く地方公共団体に限る。）
　　競争試験を行わなかった場合や採用候補者名簿に記載された候補者が全て任用された場合がある。

3 臨時的任用の期間

6か月を超えない期間である。また、必要があれば（2③の地方公共団体にあっては、人事委員会・公平委員会の承認を得て）、6か月以内の期間で更新することができるが、再度の更新はできない。したがって、同一人につき最長1年間となる。臨時的任用の期間が満了したときは、その者は当然に離職する。

【基本】臨時的任用は、どのような手続で行うことができるか。

① 人事委員会又は競争試験等を行う公平委員会を置く地方公共団体　ⅰ任命権者は、人事委員会規則・公平委員会規則で定めるところにより、人事委員会・公平委員会の承認を得て、臨時

的任用を行うことができる。この承認は、臨時的任用を行おうとする職についての承認であると解されている。ⅱ人事委員会・公平委員会は、臨時的任用される者の資格要件を定めることができる。ⅲ人事委員会・公平委員会は、臨時的任用の要件・期間の定め又はⅰ・ⅱに反する臨時的任用を取り消すことができる。

② ①以外の地方公共団体　任命権者の判断で臨時的任用を行うことができる。

【基本】臨時的任用職員は、どのような身分取扱いを受けるか。

臨時的任用職員の身分取扱いは、条件付採用期間中の職員と同じである（[15] 参照）。また、臨時的任用職員は、正式任用についていかなる優先権をも与えられない（22条6項）。

【発展】臨時的任用の特例にはどのようなものがあるか。

臨時的任用は、次の場合にも行うことができ、それぞれの場合について、臨時的任用の期間及び手続について特例が定められている。

① ⅰ配偶者同行休業の申請、ⅱ育児休業・休業期間の延長の請求があった場合に、申請・請求期間について職員の配置換え等によって当該職員の業務を処理することが困難と認めるとき（26条の6第7項・地方公務員育休法6条1項）

② 公立学校に勤務する女子教職員又は義務教育諸学校の共同調理場に勤務する学校栄養職員が出産する場合（補助教職員確保法3条）

③ 地方公共団体がその設定する構造改革特別区域において臨時的任用を行うことが必要と認めて内閣総理大臣の認定を受けた場合（構造改革特区法24条）

[15] 任期付採用

【基本】任期付採用とは何か。

　恒常的に置く必要のある職に充てる常勤の職員については、明文の規定はないものの、期限の定めなしに任用することが原則とされている（昭62・6・18最判等）。しかし、地方公共団体において、一定期間に限って人材等を確保する必要性が高まり、任期付職員の採用を定める制度が逐次導入されている。

　任期付採用は、その制度の趣旨に鑑み、法律に定める一定の事由に該当する場合に限り認められ、その任期には上限が定められている。地方公共団体が任期付職員の採用の制度を導入するには、原則として条例で定めることが必要である。その他の点は、原則として、任期の定めのない職員と同様の処遇である。

【発展】任期付採用には、どのような制度があるか。

　任期付採用の主な制度は、次のとおりである。ただし、このほかに、広い意味で任期付採用である臨時的任用（[14] 参照）と、定年退職者の任期付再任用（[17] 参照）の制度がある。

① 　育児休業に伴う任期付採用（地方公務員育休法6・18条）　ⅰ育児休業又はその期間の延長の請求があった場合に、請求された期間につき配置換え等によりその職員の業務を処理することが困難と認めるときは、請求期間を任期の限度として任期付職員を採用すること、ⅱ育児短時間勤務又はその期間の延長を請求した場合に、請求された期間につき請求をした職員の業務の処理に必要と認めるときは、請求期間を任期の限度として任期付短時間勤務職員を採用することができる。

② 　配偶者同行休業に伴う任期付採用（26条の6第7～9項）配偶者同行休業又はその期間の延長の申請があった場合に、申請された期間につき職員の配置換え等によりその職員の業務を

処理することが困難と認めるときは、申請期間を任期の限度として任期付職員を採用することができる。

③　任期付職員の採用（任期付職員採用法3・4条）　ⅰ高度の専門的な知識経験又は優れた識見を有する者を一定の期間活用することが特に必要な場合、ⅱ専門的な知識経験を有する者を期限を限って業務に従事させることが必要な場合で一定の要件に該当するときは、5年を限度として任期付職員を採用すること、ⅲ職を㋐一定期間内に終了する見込みの業務、㋑一定期間内に業務量が増加する見込みの業務等に従事させる場合は、3年（一定の場合は5年）を限度として任期付職員又は任期付短時間勤務職員を採用すること、ⅳ㋐住民に直接提供されるサービスについてその提供時間の延長又は繁忙時の体制の充実の必要がある場合等、㋑職員が承認を受けて、修学部分休業・高齢者部分休業、介護休暇又は育児部分休業をする場合に、3年（一定の場合は5年）を限度として任期付短時間勤務職員を採用することができる。

④　任期付研究員の採用（任期付研究員採用法3条）　地方公共団体に置かれる試験所、研究所等において、ⅰその研究分野で特に優れた研究者を招聘して高度の専門的知識経験を必要とする研究業務に従事させる場合に5年（一定の場合は7年又は10年）を限度として、ⅱ研究者として高い資質を有する者を有為な研究者となるために必要な能力の涵養に資する研究業務に従事させる場合に3年（一定の場合は5年）を限度として、任期付研究員を採用することができる。

【基本】離職とは何か。

　離職とは、一般に、職員が職員としての職を失うことをいう。地方公務員法では、職員の職と身分は一体のものであるので、職を失うことは、職員としての身分を失うことでもある。

【基本】離職にはどのようなものがあるか。

　地方公務員法は、国家公務員法と異なり、離職そのものについて規定していないが、概念上次のように分類することができる。
① 一定の事由が生じたことにより、法令の規定に基づいて当然に職を失う場合
　　i　欠格事由に該当した場合（[9] 参照）　職員が欠格事由に該当するに至った場合には、条例に特別の定めがある場合を除き、失職する。
　　ii　任用期間が満了した場合　⑦臨時的任用職員の任用期間が満了した場合（[14] 参照）、④定年退職者等が任期付で再任用されその任期が満了した場合（[17] 参照）、⑰任期付職員、任期付研究員等の任期が満了した場合（[15] 参照）は、これらの任期が更新されない限り、失職する。
　　iii　定年に達した場合（[17] 参照）　職員が定年に達したとき及び定年による退職の特例の適用を受けて期限まで引き続き勤務したときは、条例で定める日に退職する。なお、「退職」の語は、国家公務員の場合は、離職のうち失職及び懲戒免職を除いたものをいい、辞職や分限免職などを含んだ意味に用いられている。
　　i〜iiiの場合、離職するのに何らの処分を必要としないが、本人に通知するという趣旨で、辞令等を交付することが適当である。

② 　任命権者の処分によって離職する場合
　ⅰ 　免職　職員をその意に反してその職を失わせる処分をいう。免職には、㋐分限免職（［32］参照）及び㋑懲戒免職（［34］参照）があり、それぞれ法律に定める事由がある場合に限り行うことができる。
　ⅱ 　辞職　職員がその意思に基づいて離職することをいう。勧奨による退職も本人の意思に基づくから、辞職である。

　このほか、職員が在職中に死亡した場合、事柄の性質上、死亡と同時にその職を失う。

【発展】職員が辞職する場合は、どのような手続で行われるか。

　職員が辞職する場合の手続について、地方公務員法には明文の規定がない。一般に、職員が辞職を希望する場合、辞職願を提出してその意思を表示し、これを受けて任命権者が内部手続を行った後、職員に対して退職辞令を交付する。なお、職員の任用の法的性質を行政行為であるとする見解（［7］参照）に立てば、職員が辞職願を提出しても任命権者の退職命令がなければ離職することはない。したがって、辞職願は、本人の同意を確かめる手続ということができる。

　ところで、辞職願を提出した後、これを撤回することは可能か。判例は、辞職辞令の交付があり、処分が有効に成立した後に辞職願を撤回することはできないが、その前であれば、辞職願はそれ自体独立に法的意義を有する行為ではないから、これを撤回することは原則として自由であるとするとともに、辞職願を撤回することが信義に反すると認められるような特段の事情がある場合に限り、撤回は許されないとしている（昭34・6・26最判）。

[17] 定年制

【基本】定年制とは何か。どのような趣旨の制度か。

　定年制とは、職員が一定の年齢に達した場合に、一定の日に自動的に退職することとする制度をいう。

　定年制は、i職員の新陳代謝を円滑に行うことにより、組織の活力を維持し、行政を能率的に運営するため、また、ii所定の年齢までの勤務を保障することにより、職員が安心して公務に専念することができるようにするために設けられている。

【基本】定年は、どのように定められているか。

① 定年による退職（28条の2第1項）　職員は、定年に達したときは、定年に達した日以後における最初の3月31日までの間において条例で定める日に退職する。

② 定年の年齢（28条の2第2項）　定年は、国の職員について定められている定年を基準として、条例で定める。国の職員の定年（国公法81条の2）は、i原則として60歳で、ii病院等に勤務する医師及び歯科医師は65歳、iii庁舎監視等に従事する職員は63歳、iv職務と責任の特殊性又は欠員補充の困難性から60歳定年が著しく不適当で人事院規則で定める官職は60～65歳で人事院規則で定める年齢である。

③ 定年の特例（28条の2第3項）　地方公共団体におけるその職員に関し、その職務と責任の特殊性又は欠員の補充の困難性から、②により定年を定めることが実情に即さないと認められるときは、その職員の定年は、条例で別の定めをすることができる。ただし、国及び他の地方公共団体の職員との間に均衡を失しないように適当な考慮をしなければならない。

④ 定年制の適用除外（28条の2第4項）　i臨時的任用職員その他の法律により任期を定めて任用される職員及びii非常勤職

員には、定年制は適用されない。

【発展】定年に関する特例にはどのようなものがあるのか。

① 定年による退職の特例（28条の3）　任命権者は、職員が定年退職すべきこととなる場合に、その職員の職務の特殊性又は職務遂行上の特別の事情からみてその退職により公務の運営に著しい支障が生ずると認められる十分な理由があるときは、条例で定めるところにより、定年退職日の翌日から起算して1年を超えない範囲内で期限を定めて継続して勤務させることができる。この期限は、1年を超えない範囲内で期限を更新し、最長3年間継続して勤務させることができる。

② 定年退職者等の再任用（28条の4〜28条の6）　任命権者は、地方公共団体をⅰ定年退職した者、ⅱ①により継続して勤務した後退職した者又はⅲこれらに準ずるとして条例で定める者について、従前の勤務実績等に基づく選考により1年を超えない範囲内で任期を定め、その者を㋐常時勤務を要する職又は㋑短時間勤務の職に採用することができる。この任期は、1年を超えない範囲内で更新することができるが、その末日は、条例で定める年齢（国の職員の場合を基準として定める。）に達する日以後の最初の3月31日までの間において条例で定める日以前でなければならない。なお、この任用には、条件付採用の期間はない。この再任用は、地方公共団体にあってはその組織する地方公共団体の組合、地方公共団体の組合にあってはそれを組織する地方公共団体においてⅰ〜ⅲに該当する者についても、行うことができる。

　なお、短時間勤務の職とは、その職の職員の1週間当たりの通常の勤務時間が、その職と同種の職の常勤の職員の通常の勤務時間に比べて短い時間であるであるものをいう。

[18]　退職管理

【基本】退職管理とは何か。また、どのような趣旨の制度か。

　退職管理とは、公務員の再就職等に関する規制をいい、国家公務員の場合は、ⅰ再就職のあっせん（依頼・情報提供等）、ⅱ在職中の利害関係企業等への求職活動、ⅲ離職前の職場への働きかけが規制されており、地方公務員の場合は、ⅲが規制されている。ⅲが規制されているのは、再就職者が、職員等に対して在職時の職務に関連して有する影響力を行使することにより、職務の公正な執行及び公務に対する住民の信頼を損ねるおそれがあるからである。

【基本】退職管理は、具体的にどのような規制か。

①　再就職者（職員であった者で離職後に営利企業等の地位に就いている者）は、次の行為をすることが禁止されている。
　　ⅰ　離職前5年間に在職していた地方公共団体の執行機関の組織等の職員に対して、その営利企業等又はその子法人と在職していた地方公共団体との間の契約等事務で離職前5年間の職務に属するものに関し、離職後2年間、職務上の行為をするように又はしないように働きかけること（要求又は依頼すること）。
　　ⅱ　普通地方公共団体の長の直近下位の内部組織の長又はこれに準ずる職（人事委員会規則で定める）に就いていたことのある再就職者は、離職前5年より前のその職の職務に属する契約等事務に関しても、離職後2年間、働きかけること。
　　ⅲ　ⅰ・ⅱのほか、離職前に自らが決定した契約及び処分に関し働きかけること（期限の制限はない）。
②　地方公共団体は、条例で、国の部課長に相当する職（人事委員会規則で定める）に就いていたことがある再就職者について、離職前5年より前のその職の職務に属する契約等事務に関し、

離職後2年間、働きかけを禁止することができる。

①・②に違反した再就職者には、過料が科せられる。

　なお、「職員」は、臨時的任用職員、条件付採用期間中の職員及び非常勤職員（短時間勤務職員を除く。）を除く全ての職員である。また、「営利企業等」は、営利企業及び非営利法人（国、国際機関、地方公共団体、行政執行法人及び特定地方独立行政法人を除く。）をいう。「契約等事務」は、ⅰ再就職者が在籍している営利企業等又はその子法人と在職していた地方公共団体との間で締結される契約、ⅱ当該営利企業等やその子法人に対する処分に関する事務をいう。

③　職員は、①・②で禁止される働きかけを受けたときは、人事委員会又は公平委員会にその旨を届け出なければならない。

【基本】退職管理に関し、任命権者等はどのような措置を講じなければならないか。

①　任命権者は、人事委員会又は公平委員会に対し、ⅰ職員又は職員であった者に規制違反行為（上記①～③に違反する行為）を行った疑いがあると思料するときは、その旨を報告し、ⅱⅰに関して調査を行おうとするときは、その旨を通知し、ⅲ調査を終了したときは、遅滞なく、その結果を報告する。

②　人事委員会又は公平委員会は、任命権者に対し、ⅰ①の調査の経過について、報告を求め、又は意見を述べることができ、ⅱ規制違反行為の調査を行うよう求めることができる。

③　地方公共団体は、ⅰ⑦国家公務員法の退職管理の規定の趣旨及び⑦職員の再就職の状況を勘案し、退職管理の適正の確保に必要と認められる措置を講ずる。ⅱ必要と認めるときは、条例で定めるところにより、再就職した元職員に再就職情報を届け出させることができる。

[19] 人事評価

【基本】人事評価とは何か。人事評価の根本基準とは何か。

1　人事評価の意義（6条1項）

　人事評価とは、任用、給与、分限その他の人事管理の基礎とするために、職員がその職務を遂行するに当たり発揮した能力及び挙げた業績を把握した上で行われる勤務成績の評価をいう。

　つまり、人事評価の目的は、任用、給与、分限その他の人事管理の基礎とすることである。この点、任用については、その根本原則（［7］参照）として、人事評価その他の能力の実証に基づいて行うことが、また、昇任、降任及び転任は、人事評価その他の能力の実証に基づいて行うことが定められている（［12］参照）。また、分限については、降任又は免職の事由として、人事評価又は勤務の状況を示す事実に照らして勤務実績がよくない場合が定められている（［32］参照）。

　また、人事評価には、ⅰ能力評価（職務を遂行するに当たり発揮した能力を把握した上で行われる勤務成績の評価）とⅱ業績評価（職務を遂行するに当たり挙げた業績を把握した上で行われる勤務成績の評価）がある。いずれも、一定の期間（評価期間）における事実について評価するもので、潜在的な能力や将来の業績の可能性は評価の対象とならない。

2　人事評価の根本基準（23条）

　人事評価の根本基準として、ⅰ職員の人事評価は、公正に行われなければならないこと、また、ⅱ任命権者は、人事評価を任用、給与、分限その他の人事管理の基礎として活用することが定められている。

【基本】人事評価は、誰がどのように行うのか。

①　人事評価の実施（23条の2第1項）　人事評価を行うのは、

　任命権者である。実際には、補助職員から評価者を指定して評価を行わせ、その結果について任命権者が確認を行うことが多い。

② 　人事評価の対象　人事評価は、職員の執務について行う。この職員には、臨時的任用職員その他の任期を定めて任用される職員や非常勤職員も含まれる。

③ 　人事評価の時期　人事評価は、定期に行う。具体的には、勤勉手当の基礎として用いるために年2回、任用や昇給の基礎として用いるために年1回行うことが考えられる。

④ 　人事評価の基準、方法等　ⅰ人事評価の基準及び方法に関する事項その他人事評価に関し必要な事項は、任命権者が定める（23条の2第2項）。具体的には、評価者・調整者、自己申告、評価項目、評価期間等といった事項が考えられる。ⅱ任命権者が地方公共団体の長及び議会の議長以外の者であるときは、ⅰの事項について、あらかじめ地方公共団体の長に協議しなければならない（23条の2第3項）。これは、同一地方公共団体内において任命権者を異にする異動が一般的であるため、人事評価の基準等について任命権者間で一体性を確保するためである。

⑤ 　人事評価に基づく措置（23条の3）　任命権者は、人事評価の結果に応じた措置を講じなければならない。具体的には、ⅰ昇任、昇格、ⅱ昇給、勤勉手当の査定、ⅲ分限処分の資料とするほか、研修、人材育成等に活用することが考えられる。

⑥ 　人事評価に関する勧告（23条の4）　人事委員会は、人事評価の実施に関し、任命権者に勧告することができる。また、人事委員会は、人事評価について研究し、その成果を地方公共団体の議会若しくは長又は任命権者に提出することができる（［4］参照）。

[20] 研修

【基本】研修とはどのようなもので、どのような目的で行われるのか。

1 研修の意義（39条1・2項）

研修とは、職員の勤務能率の発揮及び増進を目的として、職務上必要とされる知識、技術等を修得させるために、地方公共団体が行う教育、訓練をいう。

2 研修の趣旨

地方公共団体の行政は、住民の福祉のために行われるが、限られた財源を有効に活用するために、行政の能率的運営が確保されなければならない。そのためには、まず、行政を担当する職員に優秀な人材を確保し、登用することが必要である。そこで、職員の任用は、能力の実証に基づいて行わなければならないとする成績主義が採られている（15条）。また、それとともに、採用した職員に対しその能力を開発することも重要である。そこで、地方公務員法には、職員が自己の能力を開発し、発展させることのできるように、研修を受ける機会が与えられなければならないと規定されている（39条1項）。もちろん、職員の能力開発は、本来、職員自身の自覚と発奮なくしてはその効果を期待できないから、自己研さんが基本となることはいうまでもない。

【発展】研修は、どのような方法で行われるか。

---

① 研修の実施機関（39条2項）　研修は、任命権者が行う。ただし、任命権者が自ら研修を主催する場合に限らず、任命権者が、他の機関に委託して研修を行った場合や特定の研修機関への入所を命じた場合等も、任命権者が研修を行ったことになる。なお、県費負担教職員については、市町村の教育委員会は任命権者ではないが、研修を実施することができる（地教行法45条）。

② 研修に関する基本的な指針（39条3項）　地方公共団体は、研修の目標、研修に関する計画の指針となるべき事項その他研修に関する基本的な方針を定めるものとされている。具体的な研修の目標や計画は、任命権者が定める。

③ 研修参加者の身分取扱い　研修に参加する者の身分の取扱いについては、研修の内容と職務に対する位置付けに応じて、ⅰ職務命令によって職務の一環として研修に参加させる方法、ⅱ職務専念義務（[26] 参照）を免除して研修に参加させる方法（条例において、職員が研修に参加する場合につき職務専念義務を免除することができる旨が規定されていることが必要）、ⅲ休職処分（[32] 参照）として研修に参加させる方法（条例において、研修に参加する場合につき休職処分とすることができる旨が規定されていることが必要）などがある。

　このうち、ⅰの方法を採る場合の職員の給与や服務等の扱いは、通常の職務に従事している場合と同じである。ⅱ及びⅲの方法を採る場合の職員の給与については、条例の定めるところによる。この場合、上司の職務上の命令は受けないが、職員としての身分を保有することに伴う義務に服する。

④ 人事委員会の勧告と研修計画（39条4項）　人事委員会を置く地方公共団体においては、人事委員会は、研修に関する計画の立案その他研修の方法について任命権者に勧告することができる。

⑤ 教育公務員の特例（教特法4章）　教育職員の研修については、初任者研修、10年経験者研修及び指導改善研修が法定されており、指導改善研修の終了時の認定の結果によっては免職その他の措置が講じられる。

確認問題

［6］ 平等取扱いの原則・情勢適応の原則

1 （　）平等取扱いの原則は、地方公務員法の適用について、国籍、信条、性別等により差別されないとする原則である。

2 （　）平等取扱いの原則は、一切の政治的意見又は政治的所属関係によって差別されてはならないとする原則である。

3 （　）平等取扱いの原則に違反して差別を行った場合については、罰則の定めがある。

4 （　）情勢適応の原則は、職員の勤務条件が社会一般の情勢に適応するよう措置する義務を任命権者に課すものである。

5 （　）人事委員会は、情勢適応の原則に基づいて講ずべき措置につき、地方公共団体の議会に勧告することができる。

［7］ 任用の意義と根本基準

1 （　）成績主義の原則は、任用のうち採用、昇任及び転任に適用されるが、降任には適用されない。

2 （　）任命権者は、任用における根本的基準として、成績主義の原則を遵守するように努めなければならない。

3 （　）成績主義の原則は、職員の任用は、もっぱら競争試験若しくは選考又は人事評価に基づくとするものである。

4 （　）職員の採用は、相手方の同意を要する行政行為説であるとするのが通説的な見解である。

［8］ 任用の種類と運用

1 （　）任命権者は、職員の職に欠員が生じた場合には、原則として、採用、昇任又は転任の方法により職員を任命する。

2 （　）任用のうち昇任は、職員を等級別標準職務表の等級よりも上位の等級に変更することをいう。

[6]

1　×　平等取扱いの原則は、国籍により差別されない
　　　とはしていない。
2　×　憲法又はその下に成立した政府の暴力による破
　　　壊を主張する政党等への結成・加入は、例外と
　　　されている。
3　○　記述のとおり。

4　×　情勢適応の原則は、地方公共団体に対し措置を
　　　講じることを求めるものである。
5　○　記述のとおり。

[7]

1　×　成績主義は、全ての任用に適用される原則であ
　　　る。
2　×　成績主義の違反に対しては、罰則が定められて
　　　いる。
3　×　成績主義は、受験成績又は人事評価以外の能力
　　　の実証によることができる。
4　○　記述のとおり。

[8]

1　×　採用、昇任又は転任を原則とするという定めは
　　　ない。
2　×　昇任は、職員を上位の職制上の段階に属する職
　　　員の職に任命することをいう。

3 （　） 充て職は、兼職の一形態であるが、充てられる職について具体的な任命行為を必要としない。
4 （　） 事務従事とは、職員に対して他の職の職務を行うことを命ずる任命行為のことをいう。
5 （　） 派遣は、当該他の地方公共団体の職員の職を兼ねることなく、その事務に従事するものである。

［9］　欠格条項

1 （　） 欠格条項は、正式採用の職員に関するものであり、臨時的任用職員や非常勤職員には適用がない。
2 （　） 職員が欠格事由に該当することとなった場合には、任命権者は、免職の処分を行わなければならない。
3 （　） 禁錮以上の刑に処せられた者であっても、その執行を猶予された者は、欠格事由に該当しない。
4 （　） ある地方公共団体において懲戒免職の処分を受けた者でも、他の地方公共団体では欠格事由に該当しない。
5 （　） 職員の採用後に欠格事由に該当することが判明した場合は、既に支払った給料は返還を求めることができる。

［10］～［12］　採用等の方法

1 （　） 競争試験等を行う公平委員会を置く地方公共団体における職員の採用は、競争試験によらなければならない。
2 （　） 採用試験は、全ての国民に対して平等の条件で公開しなければならず、受験資格を制限することはできない。
3 （　） 採用試験は、その試験に係る職の属する職制上の段階の標準職務遂行能力を有するか否かの判定を目的とする。
4 （　） 採用試験の試験機関は、試験ごとに採用候補者名簿を作成し、合格者の氏名及び得点を記載しなければならない。
5 （　） 採用のための選考は、採用試験以外の能力の実証に基づ

3　○　記述のとおり。

4　×　事務従事は、兼職と異なり、他の職の職務を行うことを職務命令で命ずるものである。

5　×　地方自治法の派遣職員制度は、他の地方公共団体の職を兼ねるものである。

[9]

1　×　欠格条項は、一般職の全ての職員に適用される。

2　×　欠格事由に該当した場合は採用は当然無効であり、何らの処分なくして失職する。

3　×　執行猶予期間中の者は、刑の執行を受けることがなくなるまでの者で、欠格事由に該当する。

4　○　記述のとおり。

5　×　記述の場合には、現実に労務の提供があるので、給料の返還の必要はないと解されている。

[10]〜[12]

1　×　公平委員会規則で定める場合は、選考によることができる。

2　×　採用試験は、その試験機関が定める受験の資格を有する全ての国民に平等の条件で公開される。

3　×　採用試験は、標準職務遂行能力及び適性を有するか否かの判定を目的とする。

4　×　任命権者が採用試験を行う場合には、記述のような義務はない。

5　×　採用のための選考は、その目的は採用試験と同

確認問題

く試験をいい、その目的も採用試験とは異なる。
6 （　）採用のための選考の方法について地方公務員法に定めが
　　　　なく、採用試験と同様の方法によることもできる。
7 （　）人事委員会及び競争試験等を行う公平委員会を置く地方
　　　　公共団体における昇任は、原則として競争試験による。
8 （　）7以外の地方公共団体においては、任命権者が定める職
　　　　への昇任は、競争試験又は選考のいずれかによる。
9 （　）転任は、人事評価その他の能力の実証に基づいて行うが、
　　　　降任は、分限処分の事由に該当すれば行うことができる。

[13]　条件付採用

1 （　）職員の採用は、全て条件付であり、その職員がその職に
　　　　おいて6か月を勤務しない限り、正式任用とならない。
2 （　）条件付採用の期間中、職務を良好な成績で遂行したとき
　　　　は、特段の措置又は通知がなくても、正式任用となる。
3 （　）条件付採用期間中の職員は、正式任用の職員と異なり、
　　　　法律の定める事由によらず懲戒処分を受けることがある。
4 （　）条件付採用期間中の職員は、人事委員会又は公平委員会
　　　　に対し勤務条件に関する措置要求をすることができない。
5 （　）条件付採用期間中の職員は、不利益処分についての審査
　　　　請求もその取消しの訴えもすることができない。

[14]　臨時的任用

1 （　）任命権者は、競争試験又は選考によることなく臨時的任
　　　　用を行うことができる。
2 （　）臨時的任用を行うことができる期間は6か月間であり、
　　　　これより長い期間もこれより短い期間も許されない。
3 （　）人事委員会及び公平委員会は、法定の要件に違反する臨

じである。

6　○　記述のとおり。

7　×　人事委員会・公平委員会規則で定める職への昇任は、競争試験又は選考のいずれかによる。

8　○　記述のとおり。

9　×　降任は、分限処分の事由に該当する場合に、能力の実証に基づいて下位の職制上の段階に属する職に任命する。

[13]　

1　×　条件付採用は、臨時的任用職員、定年退職後の再任用職員等には適用されない。

2　○　記述のとおり。

3　×　条件付採用期間中の職員は、懲戒処分に関する規定については適用除外とされていない。

4　×　条件付採用期間中の職員は、措置要求に関する規定については適用除外とされていない。

5　×　不利益処分についての審査請求をすることができないが、取消訴訟を提起することができる。

[14]　

1　○　記述のとおり。

2　×　臨時的任用の期間は、6か月間を超えない期間である。

3　×　公平委員会は、競争試験等を行う公平委員会を

時的任用を取り消すことができる。
4 （　） 臨時的任用を6か月間以上行った者を正式に任用する場合は、条件付採用の期間は免除される。

5 （　） 職員が配偶者同行休業を行う場合には、緊急の場合でなくても臨時的任用を行うことができる。

[15]　任期付採用

1 （　） 恒常的に置く必要のある職に充てる常勤の職員は、法律で定める場合を除き、期限の定めなく任用される。
2 （　） 任期付職員の採用については、臨時的任用職員と同様に、競争試験又は選考によることを要しない。
3 （　） 配偶者同行休業の申請があった場合には、その申請期間につき常に任期付職員を採用することができる。

4 （　） 特定の任期付採用職員を除き、任期付採用職員の任期については、法律の制限は設けられていない。
5 （　） 住民に直接提供されるサービスの提供時間を延長する場合は、任期付短時間勤務職員を採用することができる。

[16]　離職

1 （　） 任命権者は、任期付職員がその任用期間が満了したときは、その職を免ずる処分をしなければならない。
2 （　） 職員が欠格事由に該当して離職する場合には、任命権者は、その旨の辞令を発しなければならない。
3 （　） 職員がその職を辞する旨を申し出たときは、その申出において指定した日に当然に退職する。

　　　　除き、記述のような権限を有しない。
4　×　臨時的任用は、正式任用に際していかなる優先
　　　　権も与えるものではないから、条件付採用期間
　　　　は、免除されない。
5　○　記述のとおり。

[15]

1　○　記述のとおり。

2　×　選考によることが法律に定められている場合を
　　　　除き、任期の定めのない職員と同じである。
3　×　申請された期間につき職員の配置換え等により
　　　　その職員の業務を処理することが困難と認める
　　　　ときに限られる。
4　×　任期付採用職員の任期については、法律の制限
　　　　が設けられている。
5　○　記述のとおり。

[16]

1　×　任期付職員がその任用期間が満了したときは、
　　　　任命権者の処分なく、当然にその職を失う。
2　×　欠格事由に該当した場合には、任命権者が辞令
　　　　を発しなくても、当然に失職する。
3　×　職員が辞職願を提出しても任命権者の退職命令
　　　　がなければ離職することはない。

[17]　定年制

1　（　）定年制とは、職員が一定の年齢に達した場合に、これを
　　　　理由に、任命権者が当該職員を退職させる制度をいう。

2　（　）職員が定年に達したときは、定年に達した日以後におけ
　　　　る最初の３月31日に退職する。

3　（　）定年は、国及び他の地方公共団体の職員並びに民間事業
　　　　の従事者の定年を考慮して条例で定める。

4　（　）臨時的任用職員、任期付採用職員及び非常勤職員には、
　　　　定年制は適用されない。

5　（　）任命権者は、定年退職者を再任用することができるが、
　　　　定年退職すべき者を引き続き勤務させることはできない。

6　（　）定年退職者等の再任用は、当該職員の退職により公務の
　　　　運営に支障が生ずる場合に限り、認められる。

7　（　）短時間勤務の職とは、常勤の職員の職と異なり、補助
　　　　的・代替的な業務を行う職で勤務時間が短いものをいう。

[18]　退職管理

1　（　）退職管理は、再就職者による職員等に対して在職時の職
　　　　務に関連した違法な行為を禁止する趣旨である。

2　（　）退職管理の対象となるのは、職員であった者で離職後に
　　　　営利企業の地位に就いている者である。

3　（　）退職管理は、契約等事務で離職前の職務に属するものの
　　　　全てについて、職員に対する働きかけが禁止される。

4　（　）人事委員会及び公平委員会は、退職管理に係る規制違反
　　　　行為について、調査を行わなければならない。

5　（　）地方公共団体は、必要と認めるときは、国家公務員法の

[17]

1　×　定年制とは、職員が一定の年齢に達した場合に、一定の日に自動的に退職する制度をいう。

2　×　定年に達した日以後における最初の3月31日までの間において条例で定める日に退職する。

3　×　定年は、国の職員につき定められている定年を基準として条例で定める。

4　○　記述のとおり。

5　×　一定の場合には、定年退職すべき者を期限を定めて継続して勤務させることができる。

6　×　定年退職者等の再任用について、記述のような要件は定められていない。

7　×　短時間勤務の職は、常勤の職員の職と同種の職で、当該同種の職の常勤の職員の通常の勤務時間より短いものをいう。

[18]

1　×　退職管理は、職務の公正な執行及び公務に対する住民の信頼を損ねるおそれのある行為を禁止する趣旨である。

2　×　国、地方公共団体、特定地方独立行政法人等を除き、非営利法人の地位に就いている者も対象となる。

3　×　原則として、契約等事務で離職前5年間の職務に属するものに関する働きかけが禁止される。

4　×　規制違反行為は、任命権者が調査を行い、人事委員会又は公平委員会にその結果を報告する。

5　○　記述のとおり。

確認問題

退職管理に準じた措置を講ずることができる。

[19]　人事評価

1　（　）人事評価とは、職員がその職務を遂行するに当たり挙げた業績を把握した上で行われる勤務成績の評価をいう。

2　（　）人事評価は、職員の勤務成績を評価することにより、潜在的な能力や将来の業績の可能性を把握するものである。

3　（　）臨時的任用職員その他の任期を定めて任用される職員は、人事評価の対象とならない。

4　（　）任命権者は、人事評価を定期に行うほか、特定の職員について必要と認めるときはいつでも行うことができる。

5　（　）人事評価の基準及び方法に関する事項その他人事評価に関し必要な事項は、任命権者が定める。

[20]　研修

1　（　）地方公務員法の研修は、職務に直接必要とされる知識又は技術を習得させるための教育・訓練をいう。

2　（　）職員が自己研さんのために自主的に行う教育・訓練も地方公務員法の研修である。

3　（　）人事委員会又は公平委員会は、研修の目標、研修に関する計画の指針となるべき事項を定める。

4　（　）任命権者は、職員が研修に参加する場合には、その職務専念義務を免除しなければならない。

[19]

1　×　職務を遂行するに当たり発揮した能力及び挙げた業績を把握した上で行われる勤務成績の評価をいう。

2　×　評価期間における事実について評価するもので、潜在的な能力や将来の業績の可能性は評価の対象とならない。

3　×　人事評価は、全ての職員がその対象となる。

4　×　人事評価は、定期に行うとされている。

5　○　記述のとおり。

[20]

1　×　職員の勤務能率の発揮及び増進が目的であれば、職務に直接必要な知識又は技術の習得に限られない。

2　×　研修は、任命権者が実施する教育・訓練である。

3　×　記述の事項は、地方公共団体が定めるものとされている。

4　×　研修参加者の身分取扱いは、職務専念義務の免除のほかに、職務命令による等の方法がある。

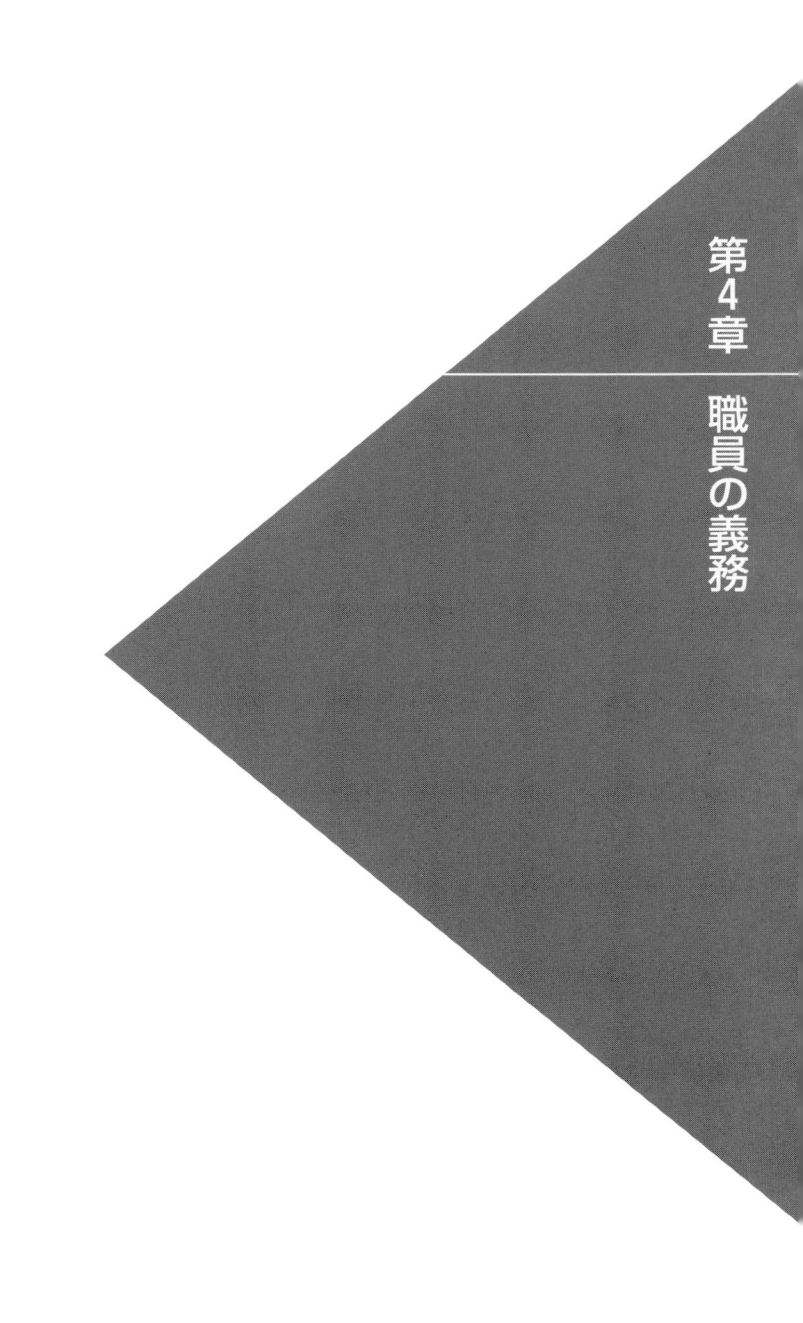

第4章　職員の義務

[21]　服務の根本基準・服務の宣誓

【基本】服務の根本基準はどのようなもので、どのような趣旨で定められているのか。

　地方公務員法は、服務の根本基準として、全て職員は、①全体の奉仕者として公共の利益のために勤務し、かつ、②職務の遂行に当たっては、全力を挙げてこれに専念しなければならない（30条）と規定している。

①　全ての職員が全体の奉仕者として公共の利益のために勤務すべき義務　憲法15条2項に、「すべて公務員は、全体の奉仕者であって、一部の奉仕者ではない。」と規定されていることに由来する。この規定は、⑦国民主権原理を採用する憲法の下では、公務員は、主権者である国民あるいは住民のために奉仕する者であり、戦前のようないわゆる「天皇の官吏」ではないことを意味するとともに、④行政の運営は、法令に従って公平に行われるべきであり、これを担当する一般職の職員は、特定の政党又は政治的団体に偏することなく、政治的に中立の立場を堅持しなければならないことを意味する。

　　①に基づいて、職員は、ⅰ信用失墜行為の禁止（33条）、ⅱ秘密を守る義務（34条）、ⅲ政治的行為の制限（36条）、ⅳ争議行為等の禁止（37条）、ⅴ営利企業等への従事の制限（38条）が定められている。

②　全ての職員が職務の遂行に当たって全力を挙げて勤務すべき義務　民間の労働者も労働契約に基づいてその職務に専念すべき民事契約上の義務があるが、職員の場合、行政の適正かつ能率的な運営を確保するために、特に法律上の義務として規定されているものである。

　　②に基づいて、職員は、ⅰ職務専念義務（35条）、ⅱ法令及び上司の命令に従う義務（32条）、ⅲ営利企業等への従事の制

限（38条）が定められている。

【基本】服務の宣誓の制度は、何か。また、どうして設けられているのか。また、どのように行うのか。

　服務の宣誓の制度は、職員は、条例で定めるところにより、服務の宣誓をしなければならないとするものである（31条）。

　服務の宣誓は、これを行うことにより、職員の全体の奉仕者としてその服務上の義務に従うことの自覚を促す趣旨である。なお、職員の服務上の義務は、職員として任用されることにより当然に生じるのであり、服務の宣誓を行うことによって生じるのではない。職員となった者が服務の宣誓を拒むときは、懲戒処分の対象になる。

　条例には、通常、服務の宣誓は、新たに職員となった者が、任命権者又は任命権者の定める上級の公務員の面前において、宣誓書に署名することにより行う旨が定められている。

【発展】公務員倫理とは何か。

　本来、倫理は個人の内面の問題であり、強制力によって保持すべきものではないが、全体の奉仕者という立場の自覚を促し、そのための制度を整備するため、国家公務員倫理法が定められている。同法は、ⅰ国家公務員倫理規程を定めることとするとともに、ⅱ贈与等、株取引等及び所得等の報告並びに報告書の保存・閲覧について規定する。また、地方公務員について、国の施策に準じて、その職務に係る倫理の保持のために必要な施策を講ずるよう努めるべきとしている（43条）。このため、地方公共団体において、職員倫理条例及び倫理規程等が制定されており、同条例に規定する贈与等の報告等の義務に違反した場合には、懲戒処分の対象となる。

[22] 法令等及び上司の職務上の命令に従う義務

【基本】法令等及び上司の職務上の命令に従う義務とは何か。また、どのような趣旨で定められているのか。

1 法令等及び上司の職務上の命令に従う義務の意義（32条）

職員がその職務を遂行するに当たって、ⅰ法令、条例、地方公共団体の規則及び地方公共団体の定める規程に従い、かつ、ⅱ上司の職務上の命令に忠実に従わなければならない義務をいう。職員がこの義務に違反した場合、懲戒処分の対象となるが、罰則は定められていない。

2 法令等及び上司の職務上の命令に従う義務の趣旨

法治国家における行政は、法令等に基づいて行われなければならないから（法治主義の原則）、職員は、職務の執行に当たって、法令等に従う義務がある。また、上司の職務上の命令は、法令等を執行するために発せられるから、職員はこれにも従う義務がある。

【基本】法令等に従う義務の法令等とはどのようなものか。

法令等に従う義務は、職務を遂行するに当たって負う義務であるから、法令等は、職務を執行するに当たって順守すべき法令等をいう。したがって、職務と関係のない、一般市民として順守すべき法令等に違反しても、この義務の違反とはならない。

法令は、法律及び政令のほか、これらを施行し又はこれらの委任による命令を含むが、通達や指針はこれに含まない。また、地方公共団体の定める規程は、地方公共団体の執行機関その他の機関が定める規則をいうほか、訓令も含むと解されている。

【基本】職務命令とはどのようなものか。

① 職務命令の種類　職務命令には、ⅰ職務上の命令とⅱ身分上

の命令がある。ⅰは、職員の職務の執行に直接関係する命令をいい、ⅱは、職員たる身分を有することに基づいてなされる命令をいう。

② 　職務命令を発する上司　職務命令を発することのできる上司は、その職員との関係において指揮監督する権限を有する者をいい、任用上の地位が上位にあるだけではこれに当たらない。上司には、ⅰ職務上の上司とⅱ身分上の上司がある。ⅰは、職務の遂行について職員を指揮監督することができる者をいい、職務上の命令及び身分上の命令を発することができると解されている。これに対して、ⅱは、職員の任用、懲戒などの身分取扱いについて権限を有する者をいい、身分上の命令を発することができると解されている。なお、上下関係にある複数の上司から矛盾する職務命令を受けた場合には、最上位にある上司の職務命令が優先する。

③ 　職務命令の要件　職務命令が有効に成立するためには、ⅰ権限ある上司が命令を発したものであること、ⅱ職務上の命令は、その職員の職務に関する命令であること、ⅲ法律上許された内容の命令であること、ⅳ事実上実行可能な命令であることといった要件を充たす必要がある。

【発展】違法な職務命令にはどのような効果があるか。

　職務命令に重大かつ明白な瑕疵がある場合は、その職務命令は無効であり、職員はこれに従う義務はない。これに対し、取消しの原因となるにとどまる瑕疵がある場合は、その職務命令は一応有効であるとの推定を受け、権限ある機関によって取り消されるまでの間、職員はこれに従う義務がある。なお、法律上明文の規定はないが、職務命令の適法性に疑義がある職員は、当然に、上司にその旨の意見を具申することができる。

[23] 信用失墜行為の禁止

【基本】信用失墜行為の禁止とは何か。また、どのような趣旨で定められているのか。

1 信用失墜行為の禁止の意義（33条）

職員が、ⅰその職の信用を傷付け、又はⅱ職員の職全体の不名誉となるような行為をしてはならない義務をいう。職員がこの義務に違反した場合、懲戒処分の対象となるが、罰則は定められていない。

2 信用失墜行為の禁止の趣旨

職員は、住民の信託を受けて、全体の奉仕者として公共の利益のために勤務する地位にあるから（30条）、職員がその職務の内外において非行を行った場合、その職員個人に対する信用のみならず、その職員の担当する職務ひいては公務全体に対する住民の信用・信頼を損なうことになりかねない。したがって、職員は、一般人よりも厳しい行為規範に従うことが要求される。信用失墜行為の禁止は、このような高度な行為規範に従わなければならないことを、倫理上の規範にとどめないで、法律上の規範として定めたものである。

【基本】どのような行為が信用失墜行為に当たるか。

信用失墜行為は、ⅰ職員の職の信用を傷付ける行為及びⅱ職員の職全体の不名誉となるような行為である。このうち、ⅰは、職員がその職務に関し犯罪行為等の非行を行った場合がこれに該当する。これに対して、ⅱは、ⅰのほか、職務に関する行為ではない個人的な非行行為を行った場合にも、職員としての身分を有する者の行為である以上、これに該当することがある。

信用失墜行為は、職員の職あるいは公務の全体に対する住民の信用を損なう行為であるから、どのような行為がこれに当たるか

については、住民の持つ健全な社会通念に基づいて、それぞれの
ケースについて具体的に判断する必要がある。例えば、次のよう
に考えられる。

① 職務に関連する行為

ⅰ 職権濫用罪、収賄罪等に当たる行為など職務に関する犯罪行
　為を行った場合は、当然、信用失墜行為に当たる。

ⅱ 職務に関する犯罪行為ではないが、政治的行為の禁止、争議
　行為の禁止等に違反する行為等、服務規定に違反する職務上の
　行為を行った場合も、おおむね信用失墜行為に該当する。

ⅲ 服務規定に違反する行為ではないが、例えば、来庁者に対す
　る著しく乱暴な言動や、他人を不快にさせる性的な言動（セク
　シャル・ハラスメント）を行った場合などに、信用失墜行為に
　当たることがあり得る。

② 職務に関連する行為ではない行為

　ⅰ職員が傷害、窃盗等の刑法上の犯罪行為を行った場合には、
信用失墜行為に当たることがあるほか、ⅱ飲酒運転等の違法行為
を行って刑に処せられた場合にも、これに当たることが考えられ
る。このほか、私生活において金銭面や交際面で著しく社会道徳
に反する行為がある場合などに信用失墜行為に当たることがあり
得る。

[24]　秘密を守る義務1

【基本】秘密を守る義務とは何か。また、どのような趣旨で定められているのか。

1　秘密を守る義務の意義（34条1項）

　職員は、職務上知り得た秘密を漏らしてはならないとする義務をいう。この義務は、職員がその職を退いた後も課される。

　i 職員がこの義務に違反して秘密を漏らした場合は、㋐懲戒処分の対象になるとともに、㋑1年以下の懲役又は50万円以下の罰金に処せられる。ii 退職した者がこれらの義務に違反して秘密を漏らした場合は、㋐懲戒処分の対象となることはないが、㋑職員と同じ刑に処せられる。iii 職員に対して、秘密を漏らすことをあおり、唆し又はほう助した者も同様の刑に処せられる。

2　秘密を守る義務の趣旨

　地方公共団体の事務は、住民の信託を受けて行われるから、地方公共団体は、住民に対してその活動の状況を公開し、及び説明すべき責務が有り、地方公共団体の保有する情報はできる限り公開されなければならない。しかし、地方公共団体の保有する情報の中には、公開されると一定の公共の利益を著しく損なうものがある。秘密を守る義務は、このようなおそれがある情報について、職員等が開示することを禁止する趣旨である。

【基本】「秘密」とは何か。また、秘密を「漏らす」とはどのような行為をいうか。

1　「秘密」の意義

　秘密とは、「一般に了知されていない事実であって、それを一般に了知させることが一定の利益の侵害になると客観的に考えられるものをいう」とされている（行政実例）。一般に了知させることが一定の利益の侵害になるとは、例えば、採用試験の問題が

漏れることが試験の公正を害すること、職員の人事記録が漏れることが職員のプライバシーが害することなどをいう。

判例は、秘密は、実質的にもそれを秘密として保護するに値すると認められるもの（実質的秘密）でなければならないとしている（昭52・12・19最決）。官公庁が秘密として指定したもの（形式的秘密）は、その専門的判断を信頼して一応秘密としての推定を受けるが、客観的に実質的秘密であるか否かの最終的判断は、裁判所において司法判断を受ける。

2　秘密を「漏らす」ことの意義

秘密を漏らすとは、その職員又は一部の職員しか知らない秘密を、広く一般に知ることができるようにする行為又は知ることができるようになるおそれのある行為の一切をいう。したがって、特定の者に秘密を漏らす行為であっても、その者からさらに秘密が伝達されるおそれがある以上、漏らす行為に当たる。また、積極的に秘密を漏らす行為のほか、第三者が不当に秘密文書を閲覧するのを消極的に放置する不作為もこれに当たる。

また、秘密を漏らすといえるためには、職員がその行為の対象が秘密であることを認識し、又は容易に認識することができることが必要である。この点、官公庁が秘密として指定したものは、この認識に欠ける場合は考えにくいが、そうでないものは、その情報の性質、取得の経緯、管理の状況等を総合的に判断することになる。

[25] 秘密を守る義務2

【基本】秘密が発表されるのは、どのような場合か。

　秘密に属する事項が発表されるのは、法令による証人、鑑定人等となり、職務上の秘密に属する事項を発表する場合であって、任命権者（退職者については、その退職した職又はこれに相当する職の任命権者）の許可を受けたときである（34条2項）。

　この場合、任命権者は、法令に特別の定めがあるときを除き、許可を拒むことができない（同条3項）。これは、裁判における真実の発見等、他の法益に基づく秘密の発表の必要性と秘密の保護の必要性とを調整する趣旨である。

【発展】「職務上知り得た秘密」と「職務上の秘密」は、どのように違うのか。

　秘密を守る義務の対象は、「職務上知り得た秘密」である。これには、ⅰ職員の職務上の所管に属する秘密のほかに、ⅱ自己の担当外の事項で、その職務に関連して知ることができた秘密が含まれる。例えば、自己が保管を担当していない秘密文書であって職務に関連してその内容を知ったものや、教員が家庭訪問の際に知った家庭の私的事情などが、ⅱに当たる。

　これに対して、法令による証人等となった場合に、その発表につき任命権者の許可を要するのは、「職務上の秘密」である。これは、ⅰの職員の職務上の所管に関する秘密に限定されたものであり、つまり、「職務上知り得た秘密」の一部である。

【発展】秘密発表の許可は、どのような場合に行われるのか。

　職員が法令による証人、鑑定人等となる場合の例としては、ⅰ普通地方公共団体の議会が、その事務に関する調査を行い、選挙人その他の関係人の証言等を求める場合（地自法100条1項）、ⅱ

人事委員会又は公平委員会が、法律又は条例に基づくその権限の行使に関し必要があるとして、証人を喚問する場合（8条6項）、ⅲ民事事件に関して、裁判所が証人を尋問する場合（民訴法190条）、ⅳ刑事事件に関して、裁判所が証人を尋問する場合（刑訴法143条）などである。

　これらについて任命権者が職務上の秘密に属する事項の発表の許可を拒むことができる「法律の特別の定め」は、ⅰは、承認を拒む理由を疎明し、議会の求めに応じて公の利益を害する旨の声明を行った場合（地自法100条5項）、ⅲは、公共の利益を害し、又は公務の遂行に著しい支障を生ずるおそれがある場合（民訴法191条2項）、ⅳは、国の重大な利益を害する場合（刑訴法144条）である。これに対して、ⅱは、特別の定めがない。

【発展】報道機関の取材活動と、秘密の保持の義務との関係をどう考えるべきか。

　前述のように、地方公共団体の保有する情報は、できる限り住民に公開されなければならない。また、報道機関の報道の自由は、国民の知る権利に奉仕するものとして、表現の自由（憲法21条）として保障されている。それでは、報道のために地方公共団体に対して行う取材の自由はどこまで認められるのか。

　この点、最高裁は、「報道が正しい内容を持つためには、報道のための取材の自由もまた、憲法21条の精神に照らし、十分尊重に値するものといえる。」とした上で、「報道機関が公務員に対し根気強く執拗に説得ないし要請を続けることは、それが真に報道の目的からでたものであり、その手段・方法が法秩序全体の精神に照らし相当なものとして社会観念上是認されるものである限りは、実質的に違法性を欠き正当な業務行為というべきである」としている（昭53・5・31最決）。

[26] 職務専念義務

【基本】職務専念義務とは何か。また、どのような趣旨で定められているのか。

1 職務専念義務の意義（35条）

職務専念義務とは、職員は、法律又は条例に特別の定めがある場合を除き、その勤務時間及び職務上の注意力の全てをその職責遂行のために用い、当該地方公共団体がなすべき責任を有する職務にのみ従事しなければならない義務をいう。職員がこの義務に違反した場合、懲戒処分の対象となるが、罰則は定められていない。

2 職務専念義務の趣旨

職員は、住民の信託を受けて、全体の奉仕者として公共の利益のために勤務すべき地位にあることから、服務の根本基準（[21]参照）として、職務の遂行に当たって全力を挙げてこれに専念することが定められている。職務専念義務は、ⅰこのことを敷延するとともに、ⅱこれが勤務時間中に限られること、ⅲ法律及び条例に特別の定めがある場合にはその例外が認められることを規定したものである。

【基本】職務専念義務は、いつ、どのような職務に専念するべき義務か。

職務専念義務が要求されるのは、勤務時間中に限られる。勤務時間には、所定の勤務時間のほか、時間外勤務、休日勤務、宿日直等を命じられて職務に従事する時間も含まれる。

また、専念すべき職務は、地方公共団体がなすべき責任を有する職務である。これには、地方公共団体の自治事務のほか、法定受託事務や他の地方公共団体から委託を受けた事務など、地方公共団体が適法に行う事務が広く含まれる。

【発展】職務専念義務が免除されるのは、どのような場合か。ま　た、職務専念義務が免除された場合の給与はどうなるか。

1　職務専念義務が免除される場合

① 　法律に基づく免除　ⅰ分限休職処分を受けた場合、ⅱ懲戒停職処分を受けた場合、ⅲ休業（自己啓発等休業、配偶者同行休業、育児休業又は大学院修学休業）をする場合、ⅳ職員団体の役員として在籍専従する場合、ⅴ職員団体が行う適法な交渉に参加する場合、ⅵ修学部分休業又は高齢者部分休業をする場合、ⅶ育児短時間勤務又は部分休業をする場合、ⅷ介護休業をする場合、ⅸ他の地方公共団体、外国の地方公共団体の機関等又は公益法人等に派遣される場合等がある。

② 　条例に基づく免除　ⅰ職員の勤務時間、休暇等に関する条例に定められた休日、休暇等を取得する場合、ⅱ職務専念義務の免除に関する条例に定められた研修への参加、厚生に関する計画の実施への参加等をする場合等がある。

2　職務専念義務が免除される場合の給与

　職員の給与は、条例で定めることとされており（〔40〕参照）、職務専念義務が免除される場合の給与の支給の有無及び支給する場合の額は、原則として、給与条例の定めるところによる。

　ただし、1①のうち、ⅱ、ⅲ（育児休業に係る期末・勤勉手当を除く。）及びⅳは給与を支給しない旨が、ⅴは条例で定める場合を除き給与を支給しない旨が、ⅵは減額する旨が、ⅶは国家公務員に準じて勤務時間数に応じる旨が、それぞれ法律に定められている。これに対し、1②のうちⅰは、労働基準法の年次有給休暇、使用者の帰責による休業、業務上の災害による休業等に該当するものは、同法に定める基準以上の給与を支給しなければならない。

[27] 政治的行為の制限1

【基本】政治的行為の制限とは何か。また、どのような趣旨で定められているのか。

1 政治的行為の制限の意義（36条）

　政治的行為の制限とは、職員が、①政党その他の政治的団体の結成等に関与すること及び②特定の政治目的をもって一定の政治的行為をすることが禁止されることをいう。

　この義務に違反した場合、懲戒処分の対象となるが、罰則は定められていない（国家公務員は、罰則が定められている）。

2 政治的行為の制限の趣旨

　職員は、国民として、表現の自由を有しており、特に政治活動の自由は、民主主義の維持・運営にとって不可欠の前提となる重要な権利である。しかしながら、ⅰ地方公共団体の行政及び特定地方独立行政法人の業務は、政治にかかわりなく公正な運営が確保されなければならず、そのためには職員の政治的中立性が必要となる。また、ⅱ職員の政治的中立性を保障することは、職員を政治的な影響から隔離してその身分を安定したものとし、職員の利益を保護することにもなる（36条5項）。

　政治的行為の制限は、このような職員の政治活動の自由の保障の要請と政治的中立性の確保の要請との調整を図る趣旨で規定されている。

【基本】政治的な行為が禁止されるのは、どのような場合か。

　禁止されている政治的行為は、次の2つに大別される。
① 政党その他の政治的団体の結成等に関与する行為　具体的には、次の行為（区域の限定はない。）をいう。
　ⅰ 政党その他の政治的団体の結成に関与すること。
　ⅱ 政党その他の政治的団体の役員となること。

iii 政党その他の政治的団体の構成員となるように又はならないように勧誘運動をすること

　なお、「政党その他の政治的団体」は、政治資金規正法の政治団体と同義と解されており、㋐政治上の主義・施策の推進、支持又は反対を本来の目的とする団体、㋑特定の公職の候補者の推薦、支持又は反対を本来の目的とする団体、㋒㋐又は㋑を主たる活動として組織的・継続的に行う団体をいい、本部のほか、その支部も含む。

② 特定の政治目的を有する一定の政治的行為

i 「特定の政治目的」とは、㋐特定の政党その他の政治団体又は特定の内閣・地方公共団体の執行機関を支持し又は反対する目的、㋑公の選挙・投票において特定の人又は事件を支持し、又は反対する目的をいう。

ii 「一定の政治的行為」とは、次の行為をいう。

　㋐ 公の選挙又は投票において投票するように、又はしないように勧誘運動をすること。

　㋑ 署名運動を企画し、又は主宰する等これに積極的に関与すること。

　㋒ 寄附金その他の金品の募集に関与すること。

　㋓ ａ）文書・図画を地方公共団体又は特定地方独立行政法人の庁舎、施設等に掲示し又は掲示させること、ｂ）その他地方公共団体又は特定地方独立行政法人の庁舎、施設、資材又は資金を利用し又は利用させること。

　㋔ ㋐～㋓のほかに条例で定める政治的行為

　ただし、㋐～㋒及び㋔は、その職員の属する地方公共団体の区域（都道府県の支庁・地方事務所又は指定都市の区・総合区に勤務する場合は、その支庁・地方事務所又は区・総合区の所管区域）外においては制限されない。

[28] 政治的行為の制限 2

【発展】政治的行為の制限とは何か。また、どのような趣旨で定められているのか。

　何人に対しても、次の行為が禁止されている（36条3項）。ただし、これに違反した場合の罰則は、定められていない。

① 　職員に禁止されている政治的行為を行うよう職員に求め、職員を唆し、又はあおること。

② 　職員が禁止されている政治的行為を行い又は行わないことに対する代償・報復として、任用、職務、給与その他職員の地位に関して何らかの利益・不利益を与え、与えようと企て、又は約束すること。

　職員は、①又は②に応じなかったことを理由として不利益な取扱を受けることはないとされている（36条4項）。

【発展】全ての職員が同様に政治的行為を制限されるのか。

　政治的行為の制限には、職員の職務に応じて、次のような特例が定められている。

① 　i 地方公営企業の職員（政令で定める基準に従い地方公共団体の長が定める一定の職員を除く。）、ii 特定地方独立行政法人の職員（政令で定める基準に従い理事長が定める一定の職員を除く。）及びiii 単純労務職員は、政治的行為の制限の規定が適用されない（地公企法39条2項、地方独法法53条2項、地公労法17条2項・附則5項）。

② 　公立学校の教育公務員の政治的行為の制限については、当分の間、国家公務員と同じとされており、政治的行為の制限が厳重であるとともに、地域による限定がない。ただし、その違反に対して罰則は適用されない（教特法18条）。

　なお、政治的行為の制限は、職員がその身分を有する限り適用

され、職員団体への在籍専従その他の事由により職務に従事しない職員であっても適用される。ただし、職員団体自体が政治的行為を行うことは、この規定の関知するところではない。

【発展】他の法律で政治的な行為を制限するものにどのようなものがあるのか。

① 公職選挙法に基づく制限の主な例（89条・90条・136条・136条の2）
　i 職員は、在職中、公職の候補者となることができず、立候補したときは、届出の日に辞職したものとみなされる。
　ii 選挙管理委員会の職員、警察官及び徴税の吏員は、在職中一切の選挙運動をすることができない。その違反については、罰則が定められている。
　iii 職員は、その地位を利用して選挙運動をすることはできない。職員がその地位を利用して公職の候補者の推薦に関与する行為などの一定の行為は、地位を利用する行為とみなされる。その違反については、罰則が定められている。
② 政治資金規正法に基づく制限（22条の9）
　職員は、その地位を利用して、政治活動に関する寄附や政治資金パーティーの対価集めに関与する一定の行為をしてはならない。その違反については、罰則が定められている。
③ 日本国憲法の改正手続に関する法律に基づく制限（100条の2〜103条）
　職員は、国民投票運動（憲法改正案に賛成又は反対の投票をし又はしないよう勧誘する行為）及び憲法改正に関する意見の表明をすることができる。ただし、投票事務関係者及び警察官等の特定の公務員は、国民投票運動をすることができない。また、地位を利用した国民投票運動も禁止されている。

【基本】争議行為等の禁止とは何か。また、どのような趣旨で禁止されているのか。

1 争議行為等の禁止の意義（37条１項・地公労法11条１項）

争議行為等の禁止の義務は、ⅰ職員は、同盟罷業、怠業その他の争議行為又は地方公共団体の機関の活動能率を低下させる怠業的行為をすることが禁止されていること、及び、ⅱ何人も（地方公営企業又は特定地方独立行政法人は、職員及び組合）、争議行為等を企て、又は争議行為等の執行を共謀し、唆し、若しくはあおってはならないことをいう。

争議行為等の禁止の義務は、現業・非現業を問わず、全ての地方公共団体の職員について、例外なく課せられている。

2 争議行為等の禁止の趣旨

職員は、勤労者であるから、憲法28条の労働基本権（団結権、団体交渉権及び団体行動権）の保障を受ける。しかし、職員は、全体の奉仕者として勤務するという地位を有し、また、その職務の内容は公共的性質を持つものであるから、職員が争議行為等を行うことは、職員の地位の特殊性と職務の公共性と相いれず、住民生活に重大な影響を及ぼす。そこで、職員の争議行為等を全面的に禁止している。

【基本】禁止されている「争議行為等」とは、どのような行為をいうか。

1 争議行為等の意義

争議行為等は、ⅰ争議行為とⅱ怠業的行為に分類される。このうち、ⅰ争議行為とは、一般に、地方公共団体の業務の正常な運営を阻害する行為をいい、ⅱ怠業的行為とは、地方公共団体の機関の活動能力を低下させる行為をいう。ただし、両者の区別は明

確ではなく、争議行為に当たらない程度の行為が怠業的行為であるといえる。いずれにしても、地方公共団体の機関の正常な活動能力を低下させる行為は、争議行為等に該当する。

　また、ⅰの争議行為の例として、㋐同盟罷業及び㋑怠業が規定されている。このうち、㋐同盟罷業（ストライキ）とは、労働者が組織的に労働力の提供を拒否し、その労働力を使用者に利用させない行為をいい、㋑怠業（サボタージュ）とは、労働者が労働力を不完全な状態で提供するもので、㋐に対して消極的な争議行為といえる。

2　争議行為等に該当する行為

　争議行為の例として規定されている行為のほか、職員団体等がその主張を貫徹することを目的に行う次の行為は、争議行為等に該当すると解されている。

ⅰ　時間内職場集会　上司の許可なく勤務時間中に集会を行うこと、又は休憩時間等に開始された集会を上司の許可なく勤務時間内に継続すること。

ⅱ　いっせい休暇　職員団体等の指令等に基づき、職員がいっせいに年次有給休暇を請求し、上司の許可がないのにその日に勤務しないこと。

ⅲ　超過勤務拒否　職員団体等の指令等に基づき、職員が時間外勤務又は休日勤務をなすべき旨の上司の命令に反してこれらを行わないこと。

ⅳ　宿日直・出張拒否　職員団体等の指令等に基づき、職員が宿日直又は出張をすべき旨の上司の命令に反してこれらを行わないこと。

[30] 争議行為等の禁止2

【基本】争議行為等の禁止に違反した場合は、どうなるか。

　争議行為等の禁止に違反した場合、次の制裁又は責任が課される。

① 懲戒処分　i 争議行為等を実行した者は、地方公務員法違反として懲戒処分の対象となる。同時に、法令等及び上司の職務命令に従う義務（32条）、職務専念義務（35条）、信用失墜行為の禁止（33条）等の規定にも違反することになり、いずれにしても懲戒処分の対象になる。ii 争議行為等を共謀し、唆し、若しくはあおった者又は争議行為等を企てた者が職員である場合は、同様に懲戒処分の対象となる。

　地方公営企業又は特定地方独立行政法人の職員及び単純労務職員が i 又は ii の行為を行った場合は、その職員を解雇することができる（地公労法12条）。

② 刑事責任　i 争議行為等を実行した者については、罰則は定められていない。ii 争議行為等を共謀し、唆し、若しくはあおった者又は争議行為等を企てた者は、職員であるかどうかを問わず、3年以下の懲役又は100万円以下の罰金に処せられる（61条4号）。これらの行為の処罰については、実際に争議行為等が行われたかどうかは問わない。

　なお、地方公営企業と特定地方独立行政法人において i 又は ii の行為を行った者については、罰則は定められていない。

③ 民事責任　争議行為等が違法行為として禁止されている以上、これに違反した場合には、民間労働者のような正当な争議行為に伴う民事上の免責（労組法8条）を受けない。したがって、争議行為等により地方公共団体や住民に損害を与えた場合には、その賠償責任（民法709条）を負う。

【発展】全ての職員に一律に争議行為等が禁止されていることは、労働基本権の制限として合憲か。

　争議行為等を全面的な禁止が、憲法の保障する労働基本権の不当な制約といえるかについては、判例に変遷があった。

① 　いわゆる「全逓中郵事件」判決（昭41・10・26最判）において、国の現業職員について、争議行為の違法性が強く、かつ、国民生活に重大な支障を与える場合に限り刑罰を科すことができるとした。また、地方公務員については、いわゆる「都教組事件」判決（昭44・4・2最判）において、地公法37条1項の合憲性について、処罰の対象となるのは、違法性の強いものに限られるという「合憲限定解釈」を行った。

② 　その後、いわゆる「全農林警職法事件」判決（昭48・4・25最判）において、①の判決を変更して、国家公務員の争議行為の一律かつ全面的な禁止を合憲とした。地方公務員についてもいわゆる「岩手教組事件」判決（昭51・5・21最判）において、地公法37条1項を全面合憲とした。その後、これらの判決が現在まで踏襲されている。「岩手教組事件」判決は、ⅰ地方公務員の地位の特殊性と職務の公共性から争議行為を禁止する必要があることのほかに、ⅱ地方公務員の勤務条件は、法律又は条例で定められ、また、その給与は税収等によって賄われているから、民間労働者のように団体交渉による労働条件の決定という方式は当てはまらず、争議権も本来の機能を発揮する余地が乏しく、かえって議会における民主的な手続による勤務条件の決定に不当な圧力を加えることになること、ⅲ労働基本権の制約に見合う代償措置として、人事委員会又は公平委員会の制度があり、中立かつ第三者的立場から公務員の勤務条件に関する利益を保障していることなどを合憲の理由としている。

【基本】営利企業への従事等の制限とは何か。また、どのような趣旨で定められているのか。

1　営利企業への従事等の制限の意義（38条）

　職員は、任命権者の許可を受けなければ、ⅰ営利企業を営む団体の役員等を兼ねること、ⅱ自ら営利企業を営むこと、ⅲ報酬を得て事業又は事務に従事することのいずれもができないことをいう。この義務に違反した職員は、懲戒処分の対象となるが、罰則は定められていない。また、人事委員会は、人事委員会規則により任命権者の許可の基準を定めることができる。

2　営利企業への従事等の制限の趣旨

　ⅰ職員は、全体の奉仕者として公共の利益のために勤務しなければならないが（30条）、営利企業への従事等をする場合には、その利益確保のために職務の公正さが害されるおそれがある。ⅱ職員は、その勤務時間中に限り職務専念義務を課せられているが（35条）、勤務時間中か否かを問わず、営利企業への従事等をする場合には、職務に対する集中を欠き職務専念義務をないがしろにするおそれがある。ⅲ職員は、その職全体の不名誉となるような行為をしてはならないが（33条）、営利企業への従事等をする場合には、その内容によっては職員の品位を損ない、ひいては職員の職全体に対する信用を失墜するおそれがある。そこで、これらにつき任命権者が確認するために、その許可を要することとされている。

【基本】具体的にどのような場合に任命権者の許可が必要か。また、任命権者は、どのような場合に許可をするのか。

1　任命権者の許可を要する場合

①　商業、工業又は金融業その他営利企業（営利を目的とする私

92

企業）を営むことを目的とする会社その他の団体の役員その他人事委員会規則（人事委員会を置かない地方公共団体は、地方公共団体の規則）で定める地位を兼ねること。　会社その他の団体には、会社法に基づく株式会社、合名会社、合資会社等が含まれるが、一般社団法人・一般財団法人、特定非営利活動法人、農業協同組合、消費生活協同組合など営利を目的としない団体は、収益事業を行う場合でも、含まれない。

② 　自ら営利企業を営むこと。　営利企業は、工業、商業、農業又は金融業など、その業態を問わない。

③ 　報酬を得て事業又は事務に従事すること。　報酬を得る場合には、その事業又は事務が営利を目的としないものでも、任命権者の許可を要する。これに対して、報酬を得ない場合は、営利企業であっても、①・②の場合を除き、任命権者の許可を要しない。例えば、無報酬で家族が経営する商店の店番をするなどは、これに当たる。なお、報酬とは、その労働の対価として支払われる給付の一切をいい、給料、手当等の名目を問わない。これに対して、実費弁償としての車代や、原稿料等の謝金は、報酬に当たらないと解されている。

2　営利企業への従事等の許可

任命権者の許可は、ⅰ職務の公正の維持、ⅱ職務の能率の確保及びⅲ職員の品位保持の観点から行われる。許可の基準を人事委員会規則で定めるのは、任命権者間で不均衡が生じることを避ける趣旨である。勤務時間中に営利企業への従事等をする場合には、職務専念義務の免除の許可も受けなければならない。

なお、教育公務員については特例（教特法17条１項）があり、本務の遂行に支障がないと任命権者が認めるときは、給与の支給の有無を問わず、教育に関する職の兼職又は教育に関する事業・事務への従事ができる。

[21] 服務の根本基準・服務の宣誓

1 （　） 服務の根本基準は、職員は、全体の奉仕者として地方公共団体の職務にのみ従事しなければならないことをいう。

2 （　） 職員は、服務の宣誓を行うことによって、職員としての服務上の義務が生じる。

3 （　） 任命権者は、服務の宣誓をさせた後でなければ、職員に対しその職務を行わせることができない。

4 （　） 職員は、条例で定める方法に従って、服務の宣誓を行わなければならない。

5 （　） 職員倫理条例及び倫理規程等はあくまで倫理的な規範であり、これに違反しても懲戒処分の対象とはならない。

[22] 法令等及び上司の職務上の命令に従う義務

1 （　） 法令等に従う義務は、職員は、全体の奉仕者として、職務の内外を問わず、法令等を遵守すべき義務をいう。

2 （　） 職務上の命令には、職務の執行に直接関係する命令のほか、職務の執行に関連して必要な身分上の命令がある。

3 （　） 職務上の命令を発する上司は、その職員との関係において任用上の地位が上位にある者である。

4 （　） 上下関係にある複数の上司から矛盾する職務命令を受けた場合には、直近上位にある上司の職務命令が優先する。

5 （　） 職員は、適法かどうか疑わしい職務命令については、その命令に従うことを留保することができる。

[23] 信用失墜行為の禁止

1 （　） 信用失墜行為の禁止とは、職員が職務を遂行するに当

[21]　

　1　×　公共の利益のために勤務し、かつ、職務の遂行
　　　　　に当たって全力を挙げて専念しなければならな
　　　　　いことをいう。
　2　×　職員としての服務上の義務は、職員として任用
　　　　　されることにより当然に生じる。
　3　×　職員として任命した以上、その者に職務を行わ
　　　　　せることができる。
　4　○　記述のとおり。

　5　×　職員倫理条例又は倫理規程等に規定する贈与等
　　　　　の報告等の義務に違反した場合には、懲戒処分
　　　　　の対象となる。

[22]　

　1　×　法令等に従う義務は、職員がその職務を遂行す
　　　　　るに当たって法令等を遵守すべき義務をいう。
　2　○　記述のとおり。

　3　×　職務命令を発する上司は、その職員を指揮監督
　　　　　することができる権限を有する者をいう。
　4　○　記述の場合には、最上位にある上司の職務命令
　　　　　が優先する。
　5　×　権限ある機関によって取り消されるまでは、そ
　　　　　の命令に従わなければならない。

[23]　

　1　×　信用失墜行為の禁止は、職員がその職務の内外

たって、その職の信用を傷付けてはならない義務をいう。
2（　）職員がその職務に関し犯罪行為を行った場合は、違法行
為であり、信用失墜行為ではない。
3（　）職員が服務規程に違反しない行為を行った場合には、信
用失墜行為に該当することはない。

[24]・[25]　秘密を守る義務

1（　）秘密を守る義務は、職員がその職を退いた後も課される
が、その違反に対する制裁はない。
2（　）秘密とは、秘密として指定されているとともに、実質的
にも秘密に該当するものでなければならない。
3（　）秘密とは、公共の利益に関わる公的な秘密であり、職務
に関連する個人的な秘密は、これに含まれない。
4（　）秘密を漏らすとは、秘密を不特定又は多数の人に知らせ
ることをいい、特定の人に知らせることは含まれない。

5（　）職員が、職務に関して知った秘密で職務上の秘密ではな
いものを証言する場合は、任命権者の許可を要しない。
6（　）任命権者は、職務上の秘密の証言の許可を求められた場
合に不適当と認めるときは、許可しないことができる。
7（　）公平委員会がその権限の行使に関し職員を証人として喚
問する場合は、任命権者は秘密の公表を拒否できない。

[26]　職務専念義務

1（　）職務専念義務が課せられるのは、職員の勤務時間中に限
られ、それ以外の時間に課されることはない。
2（　）地方公共団体の長が他の地方公共団体から委託を受けた
事務は、職務専念義務の対象となる職務ではない。

を問わず課される義務である。

2 × 犯罪行為を行うことが信用失墜行為に当たらないわけではない。

3 × 明確に服務規程に違反しない行為であっても、信用を失墜する行為に該当することがある。

[24]・[25]

1 × 職員がその職を退いた後に違反した場合にも、罰則の適用がある。

2 × 秘密は、必ずしも秘密として指定されているものである必要はない。

3 × 職務に関連する個人的な秘密も秘密に該当する。

4 × 特定の人だけに秘密を開示する場合でも、さらに伝達されるおそれがある場合は、秘密を漏らしたことになる。

5 ○ 記述のとおり。

6 × 秘密の公表を許可しないことができるのは、法律に特別の定めがある場合である。

7 ○ 記述のとおり。

[26]

1 ○ 記述のとおり。

2 × 他の地方公共団体から委託を受けた事務も、「当該地方公共団体がなすべき責を有する職務」（35条）である。

3 （　） 職務専念義務の免除が認められるためには、法律に特別
　　　　の定めがある場合でなければならない。
4 （　） 職務専念義務が免除された場合は、ノーワーク・ノーペ
　　　　イの原則により、その間の給与は当然に減額される。

[27]・[28]　政治的行為の制限

1 （　） 職員の政治的行為が制限される理由の1つは、職員を政
　　　　治的影響から保護してその身分を保障することにある。
2 （　） 政治的行為の制限に違反した職員は、懲戒処分の対象と
　　　　なるほか、一定の場合には刑罰が科される。
3 （　） 議会の議員の後援会は、政治団体ではないから、その結
　　　　成に関与することは、制限されない。
4 （　） 政治団体の構成員となるよう勧誘運動をすることは、そ
　　　　の職員の属する地方公共団体の区域内でのみ禁止される。
5 （　） 公の選挙において、投票するように勧誘運動をすること
　　　　は、その目的を問わず、禁止される。
6 （　） 政治的行為の制限は、職員に対して課される義務であり、
　　　　職員以外がこれに違反することはない。

7 （　） 地方公営企業及び特定地方独立行政法人の職員並びに単
　　　　純労務職員は、原則として政治的行為が制限されていな
　　　　い。

[29]・[30]　争議行為等の禁止

1 （　） 職員は、同盟罷業、怠業等の争議行為を行うことは禁止
　　　　されているが、これに至らない行為は禁止されていない。

2 （　） 争議行為は、地方公営企業又は特定地方独立行政法人を

3 × 職務専念義務は、条例に特別の定めがある場合にも免除される。

4 × 職務専念義務が免除された場合の給与は、給与条例に定めるところによるほか、法令に定めがある場合がある。

[27]・[28]

1 ○ 記述のとおり。

2 × 国家公務員と異なり、政治的行為の制限に違反した職員に対しては罰則の定めはない。

3 × 議会の議員の後援会は、政治資金規正法の政治団体に該当する。

4 × 政治団体の構成員となるよう勧誘運動をすることは、地域の制限なく禁止される。

5 × 特定の政治目的を有する場合に限り、禁止される。

6 × 禁止されている政治的行為を行うよう職員に求め、職員を唆し、又はあおること等が禁止されている。

7 ○ 記述のとおり。

[29]・[30]

1 × 争議行為のほか、地方公共団体の機関の活動能率を低下させる怠業的行為をすることが禁止されている。

2 ○ 記述のとおり。

含め、全ての職員が禁止されている。
3 （ ） 職員がいっせいに年次有給休暇を取得する等、職員の権利として認められている行為は、争議行為とならない。

4 （ ） 単に争議行為等を行っただけの職員に対しては、制裁を課すことができない。
5 （ ） 争議行為等を共謀し、唆し、又はあおった者は、実際には争議行為等が行われなくても、刑罰の対象となる。

[31] 営利企業への従事等の制限

1 （ ） 職員が営利を目的としない団体の役員を兼ねることは、報酬を受ける場合でも、任命権者の許可を要しない。
2 （ ） 職員が勤務時間以外の時間にだけ事務又は事業に従事して報酬を得ることは、任命権者の許可を要しない。

3 （ ） 職員が勤務時間以外の時間に妻の経営する商店で無報酬でその事務を手伝うことは、任命権者の許可を要しない。
4 （ ） 刑事事件に関して起訴されたために休職処分を受けた職員は、営利企業への従事等の制限を受けない。
5 （ ） 営利企業への従事等の許可は、全体の奉仕者として職務の公正さが害されるおそれの有無を基準に判断する。

3　×　記述の行為は、組織的に地方公共団体の業務の
正常な運営を阻害する行為であり、争議行為に
該当する。

4　×　争議行為等は、地方公務員法に違反する行為で
あり、これを行えば、懲戒処分の対象となる。

5　○　記述のとおり。

[31]

1　×　非営利法人の役員であっても、報酬を得る場合
には、任命権者の許可を要する。

2　×　勤務時間の内外を問わず、事務又は事業に従事
して報酬を得ることは、任命権者の許可を要す
る。

3　○　記述のとおり。

4　×　営利企業への従事等の制限は、休職処分等の事
由により職務に従事しない職員にも適用される。

5　×　職務の能率の確保及び職員の品位保持の観点か
らも判断する。

第5章　職員の責任等

第5章 職員の責任等

【基本】分限処分とはどのような処分か。

「分限処分」とは、職員の身分保障を前提としつつ、一定の事由がある場合に、職員の意に反して不利益な身分上の変動をもたらす処分をいう。つまり、職員の意に反する処分であるから、勧奨による退職等、職員の自発的な意思に基づく処分は、分限処分ではない。また、職員の行為に対して道義的責任を追及する制裁の処分ではない点で、懲戒処分（[34]参照）と異なる。

【基本】分限処分は、どういう目的で行われるのか。

地方公共団体の行政は、公共の利益のために公平かつ公正に行われなければならないが、そのためにはこれに従事する職員の身分が安定したものでなければならず、その身分を強く保障する必要がある。それとともに、地方公共団体の行政は、限られた財源を有効に活用するため、能率的に行われなければならない。そこで、地方公務員法では、職員の身分保障を前提としつつも、i法律等で定める事由がある場合に限り、法律で定める種類の分限処分を行うことができるとし（27条2項）、また、ii全て職員の分限は、公正でなければならないとしている（27条1項）。

【基本】分限処分にはどのような種類があるのか。

分限処分には、次の種類がある。
① 免職　職員の意に反してその身分を失わせる処分をいう。
② 休職　職員としての職を保有したまま、一定期間職務に従事させない処分をいう。
③ 降任　職員をその職員が現に任命されている職より下位の職制上の段階に属する職員の職に任命することをいう（15条の2第1項3号）。これは、任用の方法の1つでもある。

④　降給　職員について現に決定されている給料の額よりも低い額に決定する処分をいう。ただし、降任に伴い給料が下がることは含まない。懲戒処分の減給は一定期間に限り給与を低い額とするのに対し、降給は、改めて昇給がない限り、降給後の給料が継続する。

【発展】職員は、どのような場合に分限処分を受けるのか。

任命権者は、次の場合に、分限処分を行うことができる。

①　降任及び免職（28条1項）

ⅰ　人事評価又は勤務の状況を示す事実に照らして、勤務実績がよくない場合

ⅱ　心身の故障のため、職務の遂行に支障があり、又はこれに堪えない場合

ⅲ　ⅰ・ⅱの場合のほか、その職に必要な適格性を欠く場合

ⅳ　職制若しくは定数の改廃又は予算の減少により廃職又は過員を生じた場合

②　休職（28条2項・27条2項）

ⅰ　心身の故障のため、長期の休養を要する場合

ⅱ　刑事事件に関し起訴された場合

ⅲ　条例で定める事由がある場合

③　降給（27条2項）

条例で定める事由がある場合。ただし、降給の事由を条例で定めることは技術的に困難であるため、定められていないのが現状である。

【発展】分限処分の手続と効果はどのように定められるか。

　分限処分は、職員の意に反する不利益な処分であるから、その手続及び効果については、法律に特別の定めがある場合のほかは、条例で定めなければならない（28条3項）。

　この「法律の特別の定め」には、職員に処分事由を記載した説明書を交付すること（[58]参照）等がある。

　条例では、心身の故障による降任、免職又は休職の場合に医師による診断を要すること、休職の期間、休職中の給与等が定められている。

【発展】分限処分にはどのような特例があるのか。

　分限処分には次の特例がある。
① 　条件付採用期間中の職員及び臨時的任用職員については、「公正でなければならない」とする原則（[32]参照）を除き、分限処分に関する規定の適用がない（29条の2第1項）。なお、これらの職員の分限については、条例で必要な事項を定めることができる（同条第2項）。
② 　労働基準法の労働者の解雇に関する規定が職員に適用されるため、免職につき次のような制限を受ける。
　　i 　任命権者は、分限免職する少なくとも30日前にその予告をしなければならず、これをしない場合は、30日分以上の平均賃金を支払わなければならない。ただし、天災地変その他やむを得ない事由のために事業の継続が不可能となった場合又は職員に帰責事由があって免職する場合で、行政官庁（人事委員会（その委任を受けた委員）又は人事委員会を置かない地方公共団体の長）の認定を受けたときは、この限りでない（労基法20条）。

ⅱ　職員が公務災害により療養のために休業する期間とその後
30日間及び女性職員が労働基準法に定められた産前産後休業
する期間とその後30日間は、分限免職することができない。
ただし、天災その他やむを得ない事由のために事業の継続が
不可能となった場合で行政官庁の認定を受けたときは、この
限りでない（労基法19条）。

③　教育公務員等については、次のような特例がある。

ⅰ　県費負担教職員の分限処分は、市町村教育委員会の内申に
基づいて都道府県教育委員会が行い、当該教職員の所属する
学校の校長は、分限について市町村教育委員会に意見を申し
出ることができる（地教行法38・39条）。

ⅱ　県費負担教職員のうち、教諭、養護教諭等で㋐児童又は生
徒に対する指導が不適切であること及び㋑研修等必要な措置
が講じられたとしてもなお児童又は生徒に対する指導を適切
に行うことができないと認められることのいずれにも該当す
るものについて、その職を免じ、引き続いて都道府県の職
（指導主事並びに校長、園長及び教員を除く。）に採用するこ
とができる（地教行法47条の２）。

ⅲ　大学の学長、教員及び部局長の免職及び休職は、学長の申
出に基づいて任命権者が行う（教特法10条１項）。この場合、
休職の期間は、評議会の議に基づき学長が定める（教特法６
条）。

ⅳ　公立学校の校長及び教員の結核性疾患による休職について
は、満２年とし、特に必要があると認めるときは、予算の範
囲内において、その休職の期間を満３年まで延長することが
できる（教特法14条）。なお、大学以外の公立学校の事務職
員の結核性疾患についても同様である（公立学校事務職員休
職特例法）。

[34] 懲戒処分1

【基本】懲戒処分とはどのような目的で行われるのか。また、どのような原則があるのか。

1 懲戒処分の目的

「懲戒処分」とは、任命権者が、職員の一定の義務違反に対する道義的責任を問うための制裁として行う不利益処分をいう。懲戒処分は、職員が地方公共団体との間において勤務する関係にあることを前提に、その地方公共団体における規律と公務執行の秩序を維持することを目的とする。

2 懲戒処分に関する原則

懲戒処分は、職員に対する制裁として行われる不利益な処分であるから、ⅰ公正に行われなければならず（27条1項）、また、ⅱ地方公務員法に定める事由がある場合に、同法に定める種類の懲戒処分に限り、行うことができる（27条3項）。なお、職員の勤務関係の存在を前提にする以上、職員が退職した場合には懲戒処分を行うことはできない。

【基本】懲戒処分にはどのような種類があるのか。

懲戒処分には次の種類がある。

① 戒告　職員の義務違反を確認するとともに、その将来を戒める処分をいう。

② 減給　一定期間、職員の給料を減額して支給する処分をいう。分限処分の降給とは、給料の基本額を引き下げるものではない点及び一定期間の経過後は元の給与額が支給される点で異なる。

③ 停職　一定期間、職員を職務に従事させない処分をいう。停職処分を受けた者は、停職の期間中は給与を支給されず、また、その期間は退職手当の基礎となる期間に算入されない。これらの点が分限処分の休職と異なる。

④　免職　職員からその職を失わせる処分をいう。懲戒免職処分を受けた者は、退職手当及び退職年金について不利益な取扱いを受けるとともに、懲戒免職を受けた日から２年間はその地方公共団体の職員となることができない（16条３号）。これらの点が分限処分の免職とは異なる。

【発展】どのような場合に懲戒処分を受けるのか。

　任命権者が懲戒処分を行うことができるのは、次の場合に限られている（29条１項）。

①　ⅰ地方公務員法若しくは同法57条に規定する同法の特例を定めた法律又はⅱこれに基づく条例、地方公共団体の規則若しくは地方公共団体の機関の定める規程に違反した場合
　地方公務員法57条に規定する同法の特例を定めた法律には、教育公務員等についての教育公務員特例法、地方教育行政の組織及び運営に関する法律等、地方公営企業・特定地方独立行政法人の職員及び単純労務職員についての地方公営企業法、地方独立行政法人法、地方公営企業等の労働関係に関する法律等がある。

②　職務上の義務に違反し、又は職務を怠った場合
　職務上の義務に違反することは、法令等及び上司の職務命令に従う義務（［22］参照）違反であるし、職務を怠ることは、職務専念義務（［26］参照）違反である。したがって、これらの場合は、①の場合にも当たることになる。

③　全体の奉仕者たるにふさわしくない非行のあった場合
　非行が信用失墜行為（［23］参照）に当たる場合には、①の場合にも当たることになる。

【発展】懲戒処分の手続と効果はどのように定められるか。

懲戒処分は、職員の意に反する不利益処分であるから、その手続及び効果については、法律に特別の定めがある場合のほかは、条例で定めなければならない（29条4項）。この「法律の特別の定め」には、職員に処分事由を記載した説明書を交付すること（[58] 参照）等がある。また、条例には、減給の期間及び割合、停職の期間及び期間中の給与等が定められる。

【発展】懲戒処分にはどのような特例があるのか。

懲戒処分には次の特例がある。

① 労働基準法の労働者の解雇に関する規定が職員に適用されるため、懲戒免職についても、同法により次の制限を受ける。

　ⅰ　原則として、少なくとも30日前に免職の予告をしなければならない。ただし、懲戒免職の場合には職員に帰責事由があるから、直ちに免職することについての行政官庁（人事委員会（その委任を受けた委員）又は人事委員会を置かない地方公共団体の長）の認定が行われる（労基法20条）。

　ⅱ　公務災害により療養のために休業する期間とその後30日間及び女性職員が労働基準法に定められた産前産後休業する期間とその後30日間は、原則として免職できない。ただし、天災その他やむを得ない事由のために事業の継続が不可能となった場合で行政官庁の認定を受けたときは、この限りでない（労基法19条）。

　ⅲ　地方公営企業・特定地方独立行政法人の職員及び単純労務職員の減給は、1回の額が1日の平均賃金日額の半額を超え、総額が1賃金支払期の賃金の総額の10分の1を超えてはならない（労基法91条）。

② 　職員が、任命権者の要請に応じ特別職地方公務員、他の地方公共団体の地方公務員、国家公務員又は地方公社等で条例で定めるものの職員となるため退職し、引き続いてこれらの職員として在職した後引き続いて職員として採用された場合には、要請に応じた退職までの在職期間中の行為について採用後に懲戒処分を行うことができる。定年退職者等が再任用された場合には、その採用前の在職期間中の行為についても同様である（29条2・3項）。

③ 　教育公務員等について、次のような特例がある。

　　i 　県費負担教職員の懲戒処分は、市町村教育委員会の内申に基づいて都道府県教育委員会が行い、当該教職員の所属する学校の校長は、分限について市町村教育委員会に意見を申し出ることができる（地教行法38・39条）。

　　ii 　大学の学長、教員及び部局長の懲戒処分は、大学の評議会又は学長の審査の結果により、学長の申出に基づいて任命権者が行う（教特法9条・10条1項）。

④ 　条件付採用期間中の職員及び臨時的に任用された職員については、分限処分のような特例は定められておらず、他の職員と同じである。

【発展】懲戒事由がある場合に、事実上の懲戒処分を行うことができるか。

　懲戒処分は、法定の4種類（[34] 参照）に限られるが、実際には、職員の義務違反があった場合に、厳重注意、始末書提出、訓告などの措置がとられている。これらの措置は、職員の地位に何ら影響を及ぼさず、成績主義の範囲で昇給や退職金に影響があるだけであり、懲戒処分に当たらないと解されている。

[36] 賠償責任

【基本】職員は、その職務に関してどのような賠償責任を負うことがあるのか。

1 地方自治法に基づく賠償責任（地自法243条の2）

地方自治法には、会計職員又は予算執行職員がその故意又は重大な過失（現金については故意又は過失）により普通地方公共団体に財産上の損害を与えた場合についての特別の賠償責任が定められている。なお、この賠償責任の対象となる場合には、民法上の賠償責任は負わない。

2 国家賠償法に基づく賠償責任（国家賠償法1条）

地方公共団体において公権力の行使に当たる職員が、その職務を行うについて、故意又は過失によって違法に他人に損害を与えたときは、地方公共団体はその損害を賠償する責任を負う。この場合において、その職員に故意又は重大な過失があったときは、地方公共団体は、その職員に対して求償権を有する。

3 職員の民事上の賠償責任

公務員の職務行為に基づく損害については、職務の執行に当たった公務員は、個人として被害者に対し責任を負担しないとするのが判例（昭30・4・19最判）であり、通常は職員が民事責任を負うことはない。

【発展】地方自治法に基づく賠償責任の発生要件及びその賠償命令等は、どうなっているか。

1 賠償責任の発生要件（地自法243条の2第1・2項）

① 会計職員 i 会計管理者、ii 会計管理者の補助職員、iii 資金前渡を受けた職員、iv 占有動産の保管職員又は v 物品の使用職員が、故意又は重大な過失（現金については、故意又は過失）により、その保管する現金、有価証券、物品等を亡失し、又は

　　損傷したとき。

② 　予算執行職員　ⅰ支出負担行為、支出の命令・確認、支出・支払又は契約の履行確保のための監督・検査のいずれかの行為の権限を有する職員あるいはⅱこれらの事務を直接補助する職員で規則で指定した者が、故意又は重過失により法令の規定に違反して当該行為を行ったこと又は怠ったことにより、普通地方公共団体に損害を与えたとき。

　これらの損害が２人以上の職員の行為によって生じたときは、それぞれの職分に応じ、かつ、その行為が損害の発生の原因となった程度に応じて、それぞれ賠償する責任を負う。

2　賠償の命令等（地自法243条の２第３～12項）

① 　普通地方公共団体の長は、１の要件に当たると認めるときは、監査委員に、事実の有無の監査及び賠償責任の有無・賠償の額の決定を求め、その決定に基づき期限を定めて職員に賠償を命じなければならない。

② 　住民訴訟において賠償命令を命ずる判決が確定した場合は、長は、60日以内を期限として、職員に賠償を命じなければならない。この場合、①の監査委員の監査・決定は不要であり、また、職員は審査請求をすることができない。

③ 　監査委員による損害賠償があるとの決定に対し、長は、その職員が損害が不可避の事故その他やむを得ない事情によることを証明した場合であって、この証明を相当と認めるときは、議会の同意を得て、賠償責任の全部又は一部を免除することができる。この場合には、あらかじめ監査委員の意見を聴き、その意見を付けて議会に付議しなければならない。

④ 　普通地方公共団体の長は、①の処分について審査請求があったときは、議会に諮問して決定しなければならず、議会は、諮問の日から20日以内に意見を述べなければならない。

[37]　刑事責任

【基本】職員は、その職務に関連して、どのような刑事責任を負うことがあるのか。

1　刑法による罰則

　刑法は、当然に反社会的又は反道徳的とされる行為（自然犯）についての罰則を定めている。公務員に関しては、ⅰ職権濫用に関する罪及びⅱ収賄に関する罪がある。

2　行政法規による罰則

　行政法規は、その行政目的を達成するため、違反に対して罰則を設ける場合がある。職員に関する罰則を設ける行政法規には、地方公務員法、公職選挙法、住民基本台帳法などがある。

【基本】地方公務員法が定める罰則は、どのようなものか。

---

① 　1年以下の懲役又は50万円以下の罰金（60条）

　　ⅰ　平等取扱いの原則（[6]参照）に違反して差別をした者

　　ⅱ　守秘義務（[24]参照）に違反して秘密を漏らした者

　　ⅲ　不利益処分に関する審査請求の審査の結果に基づいて人事委員会又は公平委員会が行った不当な取扱いを是正するための指示（[59]参照）に故意に従わなかった者

　　ⅳ　在職していた地方公共団体の執行機関の組織等に属する役職員等に対し、一定の契約等事務等に関し、職務上不正な行為をするように、又は相当の行為をしないように要求又は依頼をした再就職者（態様に応じて要件が異なる。）

　　ⅴ　ⅳの再就職者から要求又は依頼を受けた職員であって、当該要求又は依頼を受けたことを理由として、職務上不正な行為をし、又は相当の行為をしなかった者

② 　3年以下の懲役又は100万円以下の罰金（61条）

　　ⅰ　人事委員会又は公平委員会が不利益処分に関する審査請求

 の審査のため行う喚問又は提出要求（［59］参照）に従わな
 かった者
ⅱ　成績主義の規定（［7］参照）に違反して、受験成績、人
　事評価その他の能力の実証に基づかないで任用した者
ⅲ　試験機関に属する者その他職員であって、㋐受験を阻害し
　たもの又は㋑受験に不当な影響を与える目的をもって特別若
　しくは秘密の情報を提供したもの
ⅳ　職員の争議行為等の遂行を共謀し、唆し、若しくはあおり、
　又はこれらの行為を企てた者
ⅴ　勤務条件に関する措置の要求（［56］参照）の申出を故意
　に妨げた者
③　違法行為を企画、ほう助する行為等に対する処罰（62条）
　①ⅱ又は②ⅰ～ⅲ若しくはⅴの行為を企て、命じ、故意に容認
し、唆し、又はほう助をした者も、同じ刑罰に処せられる。
④　3年以下の懲役（ただし、同じ行為が刑法違反になる場合、
　同法により処罰）（63条）
ⅰ　職務上不正な行為をすること又は相当の行為をしないこと
　等に関し、営利企業等に対し、離職後に当該営利企業等・そ
　の子会社の地位に就くこと等を要求し、又は約束した職員
ⅱ　職務に関し、他の役職員に職務上不正な行為をするように
　又は相当の行為をしないように要求し、依頼し、又は唆すこ
　と等に関し、営利企業等に対し、離職後に当該営利企業等・
　その子会社の地位に就くこと等を要求し、又は約束した職員
ⅲ　ⅱの作為・不作為の要求、依頼又は唆しの相手方であって、
　ⅱの要求又は約束があったことの情を知って職務上不正な行
　為をし、又は相当の行為をしなかった職員

確認問題

[32]・[33]　分限処分

1　（　）職員が心身の故障のため、職務の遂行に支障があり、又はこれに堪えない場合には、その者を分限休職とすることができる。

2　（　）降任は、職員の現に占めている職より下位の職に任用する処分をいうが、降給ではないから、給料の額は低下しない。

3　（　）降給は、給料を一定期間職員の現に決定されている額より低い額とする処分をいい、その事由は条例で定める。

4　（　）職員の給与は条例で定めることとされており、刑事事件に関し起訴されて休職中の職員に対し給与を支給する旨を定めることもできる。

5　（　）条件付採用期間中の職員の分限処分については、任命権者の自由裁量とされており、条例に定めを設けることはできない。

[34]・[35]　懲戒処分

1　（　）懲戒処分は、職員の意に反する不利益な処分であるから、公正でなければならない。

2　（　）懲戒処分には、免職、停職、減給及び戒告の4つがあるが、このほかに懲戒的な実質をもった処分を設けることができる。

3　（　）懲戒処分の事由は、地方公務員法に定める事由のほか、必要に応じ条例により独自の懲戒事由を設けることができる。

4　（　）任命権者は、一旦懲戒処分を行った後であっても、その職員の情状により、処分を取り消してより軽い処分とすることができる。

5　（　）任命権者は、公務災害による療養のために職務に従事し

[32]・[33]　Commentary

1　×　これは分限免職及び降任の事由である。

2　×　降任は、それに伴い当然に給料が下がり、降給は、降任に伴い給料が下がることを含まない。

3　×　降給は、懲戒処分の減給と異なり、給料の額の低下は一定期間に限られない。

4　○　記述のとおり。

5　×　条件付採用期間中の職員及び臨時的任用職員の分限処分については、条例で必要な事項を定めることができる。

[34]・[35]　Commentary

1　○　記述のとおり。

2　×　懲戒的な実質を備えた処分は、地公法に定める4種類以外は定めることができない。

3　×　職員は、地公法に定める事由による場合でなければ、懲戒処分を受けることはない。

4　×　懲戒処分は処分時点で完結する行政処分であるから、処分権者であってもこれを取り消し、又は撤回することはできない。

5　○　記述のとおり。

ない期間及びその後30日間は、原則として、懲戒免職とすることはできない。

[36] 賠償責任

1 （　）会計管理者がその保管する現金を亡失した場合は、そのことに過失があれば、重大な過失でなくてもこれを賠償する責任を負う。

2 （　）普通地方公共団体の長は、監査委員の同意がある場合には、地方自治法に基づく職員の賠償責任の全部又は一部を免除することができる。

3 （　）普通地方公共団体の公権力の公使に当たる職員が、その職務遂行上故意又は過失により違法に他人に損害を与えた場合には、普通地方公共団体は、賠償の責任を負うが、この場合、その職員に求償することができる。

[37] 刑事責任

1 （　）職員の任用は、地方公務員法の定めるところにより、受験成績、人事評価その他の能力の実証に基づいて行わなければならないことの違反について、罰則はない。

2 （　）職員は、職務上知り得た秘密を漏らしても、特定秘密である場合を除き、罰則はない。

3 （　）試験機関に属する職員に限って、受験を妨害した場合の罰則が設けられている。

4 （　）職員が政党その他の政治団体の結成に関与し、又はこれらの団体の役員となった場合について、罰則はない。

[36]   **Commentary**

1　○　記述のとおり。現金の保管については特に主観
　　　的要件を重くし、通常の過失とされている。

2　×　普通地方公共団体の長は、監査委員の意見を聴
　　　き、その意見を付して議会の同意を得なければ
　　　ならない。

3　×　普通地方公共団体が求償権を有するのは、故意
　　　又は重過失の場合である。

[37]   **Commentary**

1　×　3年以下の懲役又は100万円以下の罰金に処さ
　　　れる。

2　×　職務上知り得た秘密の漏えいは、1年以下の懲
　　　役又は50万円以下の罰金に処される。特定秘密
　　　であるかどうかは関係がない。

3　×　受験の妨害について、他の職員についても、罰
　　　則が設けられている。

4　○　記述のとおり。

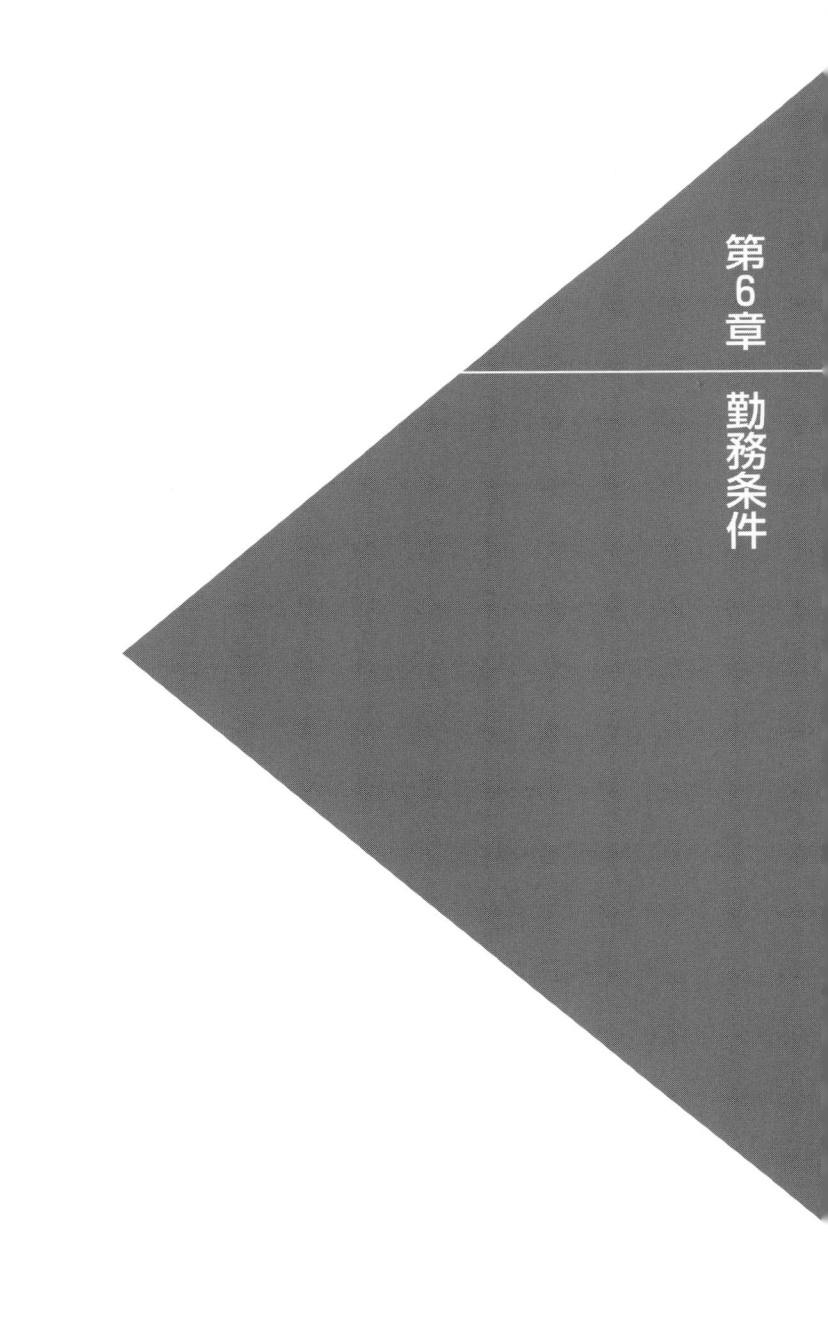

第6章　勤務条件

［38］ 勤務条件

【基本】勤務条件とは何か。

　「勤務条件」とは、給与、勤務時間、休日、休暇等のように、職員が普通地方公共団体に対して職務を提供する場合の諸条件のことをいう。勤務条件は、憲法では「勤労条件」として規定されており（27条2項）、民間の労働者の場合は「労働条件」という（労基法1〜3条等）。

　政府の解釈では、「勤務条件」とは、「給与及び勤務時間のような、職員が地方公共団体に対して勤務を提供するについて存する諸条件で、職員が自己の勤務を提供し、又はその提供を継続するかどうかの決心をするに当たり一般に当然に考慮の対象となるべき利害関係事項であるものを指す」（昭26・4・18法制意見）と定義されている。

　何が具体的に勤務条件に当たるかについての例示として、地方公務員法では、「給与、勤務時間」を挙げている（14条1項、24条5項等）。また、地方公営企業等の労働関係に関する法律には、ⅰ賃金その他の給与、労働時間、休憩、休日及び休暇に関する事項、ⅱ昇職、降職、転職、免職、休職、先任権及び懲戒の基準に関する事項、ⅲ労働に関する安全、衛生及び災害補償に関する事項が挙げられており（7条）、これらに相当する事項が一般の職員の勤務条件に当たると考えられる。

　職員は、地方公務員法その他の法律及び条例に基づいて、勤務条件の中心である給与の支給を受けることのほか、勤務時間、休日、休暇その他の勤務条件を保障されており、これを「経済的権利」という。

【基本】地方公務員法には、勤務条件に関してどのような原則が定められているのか。

　地方公共団体は、地方公務員法に基づいて定められた給与、勤務時間その他の勤務条件が社会一般の情勢に適応するように、随時、適当な措置を講じなければならない。これを「情勢適応の原則」という（［6］参照）。

　職員の勤務条件は、条例によって定められるため（［40］・［43］参照）、その変更のためには議会の議決を経る必要があり、ともすれば社会、経済の情勢に対して硬直的になりがちである。そこで、この原則は、地方公共団体が情勢に応じて適切な措置がとられるように努力すべき義務を定めたものである。

　また、職員は、労働基本権の一部又は全部を制限されており、民間労働者のように、団体交渉を通じて団体協約を締結することにより労働条件を決定することができない。そこで、社会一般の情勢に応じた勤務条件を法律上保障する趣旨でもある。

　情勢適応の原則を実効あるものとするため、人事委員会は、随時、講ずべき適当な措置について、地方公共団体の議会及び長に勧告することができる（［6］参照）。

　地方公務員法には、情勢適応の原則のほかに、給与と給与以外の勤務条件に関するいくつかの原則が定められているが、これらについては、後述する（［40］・［43］参照）。

[39] 給与の意義

【基本】給与とは何か。また、地方公務員法には、給与に関して　　　　　どのようなことが定められているのか。

1 給与の意義

「給与」とは、職員の職務に対する対価の総称をいう。これに対し、「給料」とは、給与のうち、基本給に相当する部分をいう。つまり、給与には、給料のほかに各種の手当が含まれる。

2 給与に関する地方公務員法の定め

職員の給与は、職員の勤務条件の中心であるから、職員の経済的権利を保障するため、給与が適正なものであり、かつ、確実に支給されることが必要である。また、職員の給与は住民の税負担によって賄われており、しかも、給与費は義務費として財政上重要な部分を占めていることからも、給与水準が適正なものである必要がある。このような観点から、地方公務員法には、給与の決定及び支給に関し、いくつかの原則が定められている。具体的には、給与の決定について、ⅰ職務給の原則、ⅱ均衡の原則及びⅲ条例主義が、また、給与の支給について、ⅳ給与支払いの3原則及びⅴ重複給与支給の禁止が、定められている（[40]・[41] 参照）。さらに、給料表の適正さを確保するために、ⅵ人事委員会に報告及び勧告の権限が与えられている（[42] 参照）。

【発展】職員の給与には、どのようなものがあるのか。

給与とは、職員の職務に対する対価の総称をいうが、具体的には次のものがある。

1 常勤職員の給与 （地自法204条）

常勤職員及び短時間勤務職員の給与には、「給料」及び「手当」がある。このうち、「給料」は、職員の正規の勤務時間の勤務に対する報酬である。国家公務員の一般職の場合、給料のことを俸

給という。「手当」は、正規の勤務時間以外の勤務に対する報酬及び勤務時間に必ずしも対応しない報酬である。なお、旅費は、職員が公務により旅行した場合の費用を弁償するものであり、給与には含まれない。

　諸手当の種類は、地方自治法に列挙されており、扶養手当、地域手当、住居手当、初任給調整手当、通勤手当、単身赴任手当、特殊勤務手当、特地勤務手当（これに準ずる手当）、へき地手当（これに準ずる手当）、時間外勤務手当、宿日直手当、管理職員特別勤務手当、夜間勤務手当、休日勤務手当、管理職手当、期末手当、勤勉手当、寒冷地手当、特定任期付職員業績手当、任期付研究員業績手当、義務教育等教員特別手当、定時制通信教育手当、産業教育手当、農林漁業普及指導手当、災害派遣手当（武力攻撃災害等派遣手当・新型インフルエンザ等緊急事態派遣手当を含む。）、退職手当が定められている。

　給料、手当及び旅費の額並びに支給方法は、条例で定めなければならない。

2　非常勤職員の給与（地自法203条の２）

　非常勤職員（短時間勤務職員を除く。）の給与は、「報酬」という。「報酬」は、職員が勤務した日数に応じて支給し、条例で特別の定めをした場合に限り、月額等により支給する。また、報酬以外の給与を支給することはできない。したがって、非常勤職員（短時間勤務職員を除く。）に対し、「手当」を支給することはできない。なお、給与ではなく、交通費等職務を行うために要する費用については、弁償を受けることができる。

　報酬及び費用弁償の額並びに支給方法は、条例で定めなければならない。

[40]　給与の決定に関する原則

【基本】職員の給与の決定について、どのような原則があるのか。

1　職務給の原則（24条1項）

　「職務給の原則」とは、職員の給与は、その職務と責任に応ずるものでなければならないという原則をいう。つまり、職員の職務内容の複雑さ、困難さや責任の軽重に応じて給与を決定しなければならない。地方公営企業・特定地方独立行政法人の職員及び単純労務職員については、これに加えて職員が発揮した能率が考慮されなければならない（地公企法38条2項、地方独法法51条1項、地公労法17条・附則5項）。

　なお、給与は、職員の生活の維持に必要な額を決定するべきとする「生活給の原則」という考え方もある。これに対し、職務給の原則が採られているのは、給与は、職務に対する対価である以上、その額は、職員の職務と責任に応じて決定することが公正であるからである。

2　均衡の原則（24条2項）

　「均衡の原則」とは、職員の給与は、ⅰ生計費、ⅱ国及び他の地方公共団体の職員の給与、ⅲ民間企業の従事者の給与、ⅳその他の事情を考慮して定められなければならないとする原則をいう。地方公営企業の職員及び単純労務職員については、これに加えて、当該地方公営企業の経営の状況を考慮する（地公企法38条3項、地公労法17条・附則5項）。また、特定地方独立行政法人の職員の給与の支給の基準を定めるに当たって考慮すべき事項は、ⅰ同一又は類似の職種の国・地方公共団体の職員、他の特定地方独立行政法人の職員、民間事業の従事者の給与、ⅱその特定地方独立行政法人の業務実績、ⅲその特定地方独立行政法人の認可中期計画の人件費の見積り、ⅳその他の事情である（地方独法法51条3項）。

　均衡の原則が採られているのは、ⅰ職員に優秀な人材を確保するためには、国や他の地方公共団体又は民間企業における給与水準に匹敵する給与水準であることが必要であること、ⅱ職員の給与は、住民の税負担によって賄われるため、住民の理解が得られる給与水準であることが必要であることに基づく。

3　条例主義 （24条5項・25条1項）

　「条例主義」とは、職員の給与は、条例で定めるとする原則をいう。職員の給与は、この給与に関する条例に基づいて支給されなければならず、また、この条例に基づかずには、いかなる金銭又は有価物も支給してはならない。なお、地方自治法には、一般職の職員を含め全ての職員の給与その他の給付についての条例主義が規定されている（地自法204条の2）。

　条例主義が採られているのは、ⅰ職員は労働基本権の一部を制約されていることから、職員に対し、給与を条例に定めて権利として保障することが必要であること、ⅱ職員の給与は住民の税負担によって賄われるものであることから、住民の代表である議会が条例を制定することでその意思を反映させることが必要であることに基づく。

　条例主義は、地方公営企業の職員及び単純労務職員の給与については、適用されない。これらの職員については、給与の種類と基準のみを条例で定める（地公企法38条4項・39条1項、地公労法17条・附則5項）。特定地方独立行政法人の職員の給与にも条例主義は適用されない（地方独法法53条1項）。特定地方独立行政法人は、給与支給の基準を定め、設立した地方公共団体の長に届け出るとともに、公表しなければならない（地方独法法51条2項）。

[41]　給与の支給に関する原則

【基本】職員の給与の支給について、どのような原則があるのか。

1　給与支払いの3原則（25条2項）

　職員の給与は、ⅰ通貨で（通貨払いの原則）、ⅱ直接職員に（直接払いの原則）、ⅲその全額を（全額払いの原則）、支払わなければならない。これを「給与支払いの3原則」あるいは「給与支給の3原則」という。この原則は、労働基準法にも規定されており（24条1項）、地方公営企業・特定地方独立行政法人の職員及び単純労務職員は、この規定の適用を受ける。これらの規定は、職員は給与によって生計を営んでいるため、生活の糧である給与が職員に全額確実に支給されることを保障する趣旨である。

　給与支払いの3原則は、法律又は条例により特に認められた場合に、特例が認められる。このうち、法律により認められた全額払い及び直接払いの原則の特例に、所得税の源泉徴収、住民税の特別徴収、共済組合の掛金などがある。なお、職員の預金口座に振り込む方法による給与の支払は、直接払いの原則の範囲に含まれる。

　また、地方公営企業・特定地方独立行政法人の職員及び単純労務職員は、ⅰ通貨払いの原則については、㋐法令・労働協約に別段の定めがある場合又は㋑厚生労働省令で定める賃金について確実な支払の方法で厚生労働省令で定めるものによる場合、ⅱ全額払いの原則については、㋐法令に別段の定めがある場合又は㋑当該事業場の過半数が加入する労働組合（そのような労働組合がない場合は、当該事業場の職員の過半数の代表者）との間の書面協定がある場合に、それぞれ特例が認められる（労基法24条1項）。

2　重複給与支給の禁止（24条3項）

　職員は、他の職を兼ねることができるが、この場合、兼務する職（一般職に限る。また、同一の地方公共団体の職と解されてい

る。）についての給与を受けてはならない。同一の勤務時間について二重に給与を支給されることになるからである。なお、地方公営企業・特定地方独立行政法人の職員及び単純労務職員には、この規定が適用されない。

【発展】職員には、労働基準法の賃金に関するどのような規定が適用されるのか。

　職員は、原則として、労働基準法の賃金に関する規定の適用を受ける。そのうちの主な規定は、次のとおりである。
① 　給与は、毎月1回以上、一定の期日を定めて支払われなければならない。ただし、臨時に支払われる賃金、賞与等はこの限りでない（24条2項）。
② 　勤務時間外に勤務を命じた場合及び午後10時から午前5時までの間に勤務させた場合（深夜業）には、その時間の勤務について、通常の勤務時間の給与の2割5分の率で計算した時間外勤務手当を、休日に勤務させた場合には、その日の勤務について、通常の勤務日の給与に3割5分の率で計算した休日勤務手当を、それぞれ支払わなければならない（37条1・4項）。また、時間外勤務が月に60時間を超えた場合には、その超えた時間については、通常の勤務時間の給与の5割以上の率の手当を支払わなければならない。ただし、これに対応する有給の代休を与えた部分については支払を要しない（37条1項ただし書・3項）。
③ 　使用者は、労働者が出産、疾病、災害その他の非常の場合の費用に充てるために請求する場合、期日前でも、それまでの労働に対する賃金を支払わなければならない（25条）。

129

[42] 給与条例及び給料表

【基本】給与は、どのように定められるのか。

1 給与条例（25条3項）

職員の給与は、条例主義（[40] 参照）に基づいて、給与に関する条例（以下「給与条例」という。）に定められる。給与条例には、次の事項を規定する。

① 給料表

② 等級別基準職務表

③ 昇給の基準に関する事項

④ 時間外勤務手当、夜間勤務手当及び休日勤務手当に関する事項

⑤ ④のほか、地方自治法に規定する手当（[39] 参照）を支給する場合においては、当該手当に関する事項

⑥ 非常勤職員の職その他勤務条件の特別な職があるときは、これらについて行う給与の調整に関する事項

⑦ ①～⑥のほか、給与の支給方法及び支給条件に関する事項

2 給与条例の内容

1①の給料表には、職員の職務の複雑、困難及び責任の度に基づく等級ごとに明確な給料額の幅を定めていなければならない（25条4項）。また、1②の等級別基準職務表には、職員の職務を給料表の等級ごとに分類する際に基準となるべき職務の内容を定めていなければならない（25条5項）。

地方公務員法では、以上のような規定を置いているが、実際には、職員の給与は、国家公務員の一般職の給与制度に準拠して定められている。特に、1①の給料表は、国家公務員の一般職の俸給表に準じて、職務の種類に応じた数種のものが定められている。

【発展】給与について、人事委員会には、どのような権限があるのか。

　人事委員会は、ⅰ毎年少なくとも1回、給料表が適当であるかどうかについて、地方公共団体の議会及び長に同時に報告する。また、ⅱ給与を決定する諸条件の変化により、給料表に定める給料額を増減することが適当であると認めるときは、併せて適当な勧告をすることができる（26条）。これは、職員は、労働基本権を制限され、給与は条例で定めることとされていることから、人事委員会が中立的かつ専門的立場から勧告を行うことにより、条例に定められる給料表の適正さを確保する趣旨である。したがって、議会及び長は、この勧告をできる限り尊重する責務を負う。また、ⅲ給料以外の給与に関しては、人事委員会の権限に関する一般的な規定に基づいて（8条1項2・3・5号）、地方公共団体の議会及び長に対し、給与に関する研究の成果を報告するとともに、条例の制定及び改廃に関する意見を申し出ることができる。なお、地方公営企業・特定地方独立行政法人の職員及び単純労務職員については、これらの制度は適用されない。

　人事委員会を置かない地方公共団体では、これらの報告、勧告及び意見の申出を担当する機関が設けられていない。このような地方公共団体においても職務給の原則（［40］参照）及び情勢適応の原則（［6］参照）が適用されるから、その長及び議会において、これらの原則に基づく適切な給与を定めることが求められる。

[43] 給与以外の勤務条件

【基本】給与以外の勤務条件は、どのような原則に基づいて定められるのか。

給与以外の勤務条件に関し、地方公務員法は、次の原則を定めている。

1 均衡の原則（24条4項）

「均衡の原則」とは、職員の勤務時間その他給与以外の勤務条件を定めるに当たっては、国及び他の地方公共団体の職員との間に均衡を失しないように適当な考慮が払われなければならないとする原則をいう。

この原則は、給与に関する均衡の原則（[40]参照）と同じ趣旨である。ただし、i 民間事業の従事者との均衡を図るべきとはされておらず、また、ii「均衡を失しないように」という、より強い表現となっているという違いがある。

2 条例主義（24条5項）

「条例主義」とは、職員の勤務時間その他の勤務条件は、条例で定めなければならないとする原則をいう。これは、給与に関する条例主義と同じ趣旨である（[40]参照）。

なお、地方公営企業・特定地方独立行政法人の職員及び単純労務職員には、条例主義の適用はない（地公企法39条1項、地公労法17条・附則5項、地方独法法53条1項）。特定地方独立行政法人にあっては規程で定めて、地方公共団体の長に届け出るとともに、これを公表しなければならない。また、この規程は、国及び地方公共団体の職員の勤務条件その他の事情を考慮したものでなければならない（地方独法法52条）。

【発展】職員の給与以外の勤務条件については、どのような特徴
があるか。

　職員の給与以外の勤務条件については、次のような特徴がある。
①　職員の給与以外の勤務条件には、原則として労働基準法の労
　働条件に関する規定が適用される（58条3項）。労働基準法は、
　労働条件の最低基準を定める法律であるから、職員の給与以外
　の勤務条件を定める条例は、労働基準法の定める労働条件を充
　たさなければならない。
　　これに対し、国家公務員の一般職は、労働基準法の適用がな
　く、「一般職の職員の勤務時間、休暇等に関する法律」及びこ
　の法律に基づく人事院規則によって勤務条件が定められている。
　職員の給与以外の勤務条件を定める条例は、この法律等に準拠
　して定められているのが実情であるが、労働基準法の適用があ
　ることに留意しなければならない。
②　勤務条件の全般が情勢適応の原則の適用の対象となっており、
　これを実効あるものとするために、給与以外の勤務条件につい
　ても、人事委員会は、地方公共団体の議会及び長に勧告をする
　ことができる（［6］参照）。

[44] 勤務時間・休憩1

【基本】勤務時間及び休憩時間とは、どのような時間をいうのか。

1 勤務時間

「勤務時間」とは、民間企業の労働者の「労働時間」に相当するもので、職員が地方公共団体のために役務を提供すべき時間をいう。つまり、休憩時間を除いて、実際に勤務すべき時間をいう。執務開始前の朝礼、執務終了後の掃除等は、これらが義務的なものであれば、勤務時間に含まれる。また、職務命令に基づいて研修、教育活動等に参加する時間も勤務時間となる。

2 休憩時間

「休憩時間」とは、職員が職務に伴う疲労の回復を図る等のため、勤務時間の途中に一切の勤務から離れることができる時間をいう。なお、休息時間と言われるものがあるが、「休息時間」とは、正規の勤務時間内で、有給で休息を認められる時間をいう。国家公務員の休息時間が廃止されたため、地方公共団体においても見直しが進められている。

【基本】勤務時間は、どのように定められているのか。

勤務時間は、休憩時間を除き、1週間について40時間、1日について8時間を超えてはならない（労基法32条）。ただし、国家公務員では、1週間について38時間45分、1日について7時間45分である（勤務時間法5条1項）。以下、特に断らない限り、週40時間、1日8時間として説明する。

地方公共団体では、条例で日曜日及び土曜日を閉庁日として定めているから、通常は、月曜日から金曜日までの5日間に1日8時間の勤務時間が割り振られる。

これに対し、消防職員の職務、病院業などの交替制の勤務を要する職務、バスや電車などの地方公営企業の職務等は、この原則

を当てはめることが困難である。このような職務に従事する職員については、1か月以内の一定の期間を平均して1週間当たりの勤務時間が40時間を超えないときは1日8時間、1週間40時間を超える勤務時間の定めをすることができる（労基法32条の2）。これを、「変形8時間制」という。

【基本】休憩時間は、どのように定められているのか。

休憩時間は、勤務時間が6時間を超える場合には少なくとも45分、8時間を超える場合には少なくとも1時間を、勤務時間の途中に設けなければならない（労基法34条1項）。また、休憩時間は、原則として、その職場で一斉に与えるとともに（一斉付与の原則）、職員の自由に利用させなければならない（自由利用の原則）（労基法34条2項）。したがって、休憩時間に来客や電話の当番をさせることは、この原則に反する。なお、自由利用とはいえ、休憩中も庁舎における施設管理上の制限を受けることは、いうまでもない。

これに対し、i非現業の官公署の職員、地方公営企業等の電車やバスの職員、病院、保健施設の職員等について、一斉付与の原則を排除すること、ii警察官、消防職員等について、自由利用の原則を排除すること、iii地方公営企業等のバス等の乗務員で長距離乗務に従事しない者について、一定の条件で休憩時間を与えないこと等の特例が認められている（労基法40条1項・労基法規則31～33条）。

【発展】勤務時間には、どのような例外や特例が定められているのか。

1　勤務時間に関する定めの適用除外

ⅰ監督若しくは管理の地位にある職員又は機密の事務に従事する職員、ⅱ守衛、庁舎管理等の監視の勤務又は庁用自動車の運転手等の断続的勤務に従事する職員で行政官庁（人事委員会（その委任を受けた委員）又は人事委員会を置かない地方公共団体の長）の許可を受けたもの、ⅲ農水産業等に従事する職員には、勤務時間に関する規制が適用されない（労基法41条）。この場合、時間外勤務や休日勤務に対する手当を支給する必要もない。

2　勤務時間に関する特例

ⅰ交通事業において列車、電車等に乗務する職員で予備の勤務に就くものについては、公衆の不便を避けるために必要なものとして、1か月以内の一定の期間を平均し1週間当たりの勤務時間が40時間を超えない限りにおいて、あらかじめ勤務時間の定めをすることなく、1日に8時間、1週間に40時間を超えて勤務させることができる（労基法40条1項・労基法規則26条）。ⅱ短時間勤務職員は、定年退職者等の任期付再任用など任期付が一般であるが、これは1週間当たりの通常の勤務時間が、常勤職のそれに比して短い時間であるものである（28条の5・28条の6第2項）。

3　時間外勤務又は休日勤務に関する特例

ⅰ非現業の官公署に勤務する職員については、公務のため臨時の必要がある場合に、正規の勤務時間を超えて（時間外勤務）、又は正規の勤務日以外の日に（休日勤務）勤務を命ずることができる（労基法33条3項）。この場合には、それぞれ時間外勤務手当又は休日勤務手当を支給しなければならない。ⅱそれ以外の職員、つまり地方公営企業の職員等については、㋐災害その他避け

ることのできない事由によって臨時の必要がある場合に、行政官庁の許可を受けて（許可を受ける暇がないときは、事後に遅滞なく届け出て）、時間外勤務又は休日勤務を命ずることができる（労基法33条１項）。㋑㋐のような場合以外では、「36協定」といわれる労使協定がある場合に限り、時間外勤務又は休日勤務を命ずることができる。「36協定」とは、労働基準法36条に基づいて、その事業場の過半数の職員で組織する労働組合（そのような労働組合がない場合は、職員の過半数を代表する者）との書面による協定で行政官庁に届け出たものをいう。

4　養育・介護に対する特例

　i ３歳に満たない子を養育する職員がその子を養育するために時間外勤務をしないことを請求した場合、ii 小学校就学の始期に達するまでの子を養育する職員が一定の制限時間（１月につき24時間、１年につき150時間）を超えて時間外勤務をしないことを請求した場合、iii 同じく小学校就学の始期に達するまでの子を養育する職員が深夜勤務をしないことを請求した場合、任命権者は、公務の運営に支障がないと認めるときは、これを承認しなければならない（育休法61条16・19・23項）。また、iv 一定の要介護家族を介護する職員が、その要介護家族を介護するために、一定の制限時間を超えて時間外勤務をしないこと又は深夜勤務をしないことを請求した場合も、同様の扱いとなる（同条20・24項）。

[46]　休日・週休日・休暇・休業1

【基本】休日、週休日、休暇及び休業とは、どのようなものをいうのか。

1　休日及び週休日

　労働基準法では、「休日」とは、労働者が労働の義務を負わない日をいう。国家公務員の一般職の場合、ⅰ労働基準法の休日に相当する日を「週休日」といい、勤務時間が割り振られない日である（勤務時間法6条1項）。ⅱまた、「休日」とは、勤務時間が割り振られるが、勤務が免除される日をいい、具体的には、国民の祝日に関する法律に定める休日及び年末年始の休日である（勤務時間法14条）。職員の場合、条例において、一般に、国家公務員の一般職と同じ意味で「休日」及び「週休日」が用いられている。

　なお、これとは別に、地方公共団体の「休日」がある（地自法4条の2）。これは、組織体としての地方公共団体が全体として執務態勢にない日、すなわち閉庁する日をいう。地方公共団体の休日は、条例で、ⅰ日曜日及び土曜日、ⅱ国民の祝日に関する法律の休日、ⅲ年末年始、ⅳ地方公共団体の休日として定める日の4種類が定められる。

2　休暇

　「休暇」とは、勤務すべき日又は時間であるが、法律又は条例に基づいて、職員が請求し、任命権者がこれを承認することにより、職務専念義務が免除される日又は時間のことをいう。つまり、職務専念義務が免除される点では1の休日と同じであるが、任命権者の承認が必要である点でこれと異なる。一般に、給与は減額されない。

3　休業

　「休業」は、法律上さまざまな意味で用いられるが、一般的に

休職類似の身分上の効果を伴う。地方公務員に関しては次のような分類が可能である。

① 休暇とほぼ同様のもの　産前産後休業（労基法65条）や介護休業（[50]参照）がある。国家公務員では、前者が特別休暇の１つであり、後者は介護休暇（勤務時間法20条）であるが、介護休暇については勤務しない時間の給与は減額される。

② 部分休業（広義）　地方公務員としての身分は保有し、かつ職務を行うが、勤務時間の一部を勤務しないとすることである。修学部分休業や高齢者部分休業（[48]参照）、育児短時間勤務や（育児の）部分休業（狭義）（[50]参照）などがある。いずれも勤務しない時間の給与は減額される。

③ 休業　地方公務員としての身分は保有するが、職務には従事しない。また、給与は支給されない。自己啓発等休業、配偶者同行休業、育児休業と大学院修学休業の４つがある（[49]参照）。

[47] 休日・週休日・休暇・休業2

【基本】週休日及び休日は、どのように定められているのか。

労働基準法では、使用者は、毎週少なくとも1回、あるいは4週を通じて4日以上、休日を与えなければならない（35条）。

国家公務員の一般職の場合、週休日は、原則として、日曜日及び土曜日であるが、ⅰ公務の運営の事情によりこれと異なる日を週休日として割り振ることや、ⅱ週休日を他の日に振り替えて日曜日又は土曜日に勤務させることができる（勤務時間法6〜8条）。

また、国家公務員の一般職の場合、休日は、労働基準法の休日には当たらないが、その日に特に勤務することを命じた場合には、ⅰあらかじめ代休日を指定して与えることができるほか（勤務時間法14・15条）、ⅱ代休を与えなかった場合は、休日勤務手当が支給される。

職員の場合、国家公務員の一般職に準拠して、条例に週休日及び休日に関する定めを設けるのが実情であるが、地方公共団体の休日として定める日についても休日とすることができる。

【発展】休暇は、どのように定められているのか。

労働基準法では、休暇として、年次有給休暇（39条）と生理休暇（68条）が定められている。国家公務員の一般職の場合、年次休暇、病気休暇、特別休暇及び介護休暇が定められている（勤務時間法16条）。職員の場合は、国家公務員の一般職に準拠して、年次有給休暇、病気休暇、特別休暇及び介護休暇を条例で定めているのが実情である。

① 年次有給休暇　労働基準法に従えば、年次有給休暇は、採用後6か月以上継続勤務し、その勤務すべき日の8割以上出勤した職員に対して10日を、勤続年数が1年増すごとに一定の日数を加算した日（20日を上限）を、与えなければならない（39条

　１・２項）。これに対し、国家公務員の一般職の年次休暇は、原則として、１年に20日（年の途中に採用された場合は、月割の日数）である（勤務時間法17条）。

　年次有給休暇は、職員の権利であり、職員から請求があった場合は、その請求する時季に与えなければならない。ただし、公務の正常な運営を妨げる場合、他の時季に与えることができる（労基法39条５項）。これを「時季変更権」という。

② 　病気休暇　国家公務員の一般職の場合、職員が負傷又は疾病のために療養する必要があり、その勤務しないことがやむを得ないと認められる場合の休暇である（勤務時間法18条）。労働基準法の生理休暇は、これに含まれる。

③ 　特別休暇　国家公務員の一般職の場合、選挙権の行使、結婚、出産、交通機関の事故その他の特別の事由により職員が勤務しないことが相当である場合の休暇である（勤務時間法19条）。労働基準法では、産前産後については、産前６週間（多胎妊娠の場合は、14週間）の女性が、休業（公務員では休暇）を請求した場合には職務に就かせてはならず、また、産後８週間を経過しない女性を職務に就かせてはならない（労基法65条）。なお、未就学児の看護については、子１人につき年５日（２人以上の場合は10日）の休暇がある（育休法61条10項）。

④ 　介護休暇　国家公務員の一般職の場合、配偶者等で負傷・疾病・老齢により一定期間にわたり日常生活を営むのに支障があるものの介護のため、勤務しないことが相当である場合の休暇である（勤務時間法20条）。要介護家族の世話については、要介護家族１人につき年５日（２人以上の場合は10日）の休暇がある（育休法61条14項）。

[48] 部分休業

【基本】部分休業はどのように定められているのか。

　地方公務員法では、修学部分休業及び高齢者部分休業の2つの部分休業が規定されている。なお、地方公務員の育児休業等に関する法律で定める育児短時間勤務と部分休業については、[50]参照。

1　修学部分休業（26条の2）

　修学部分休業とは、大学その他の条例で定める教育施設における修学のための休業をいう。

　任命権者は、職員（臨時的任用職員等の任期を定めて任用される職員及び非常勤職員を除く。）が申請した場合において、公務の運営に支障がなく、かつ、その職員の公務に関する能力の向上に資すると認めるときは、条例で定めるところにより、修学部分休業を承認することができる。この承認を受けた職員は、当該修学に必要と認められる期間として条例で定める期間中、1週間の勤務時間の一部について勤務しないことができる。

　修学部分休業の承認を受けた職員のその間の給与は、条例で定めるところにより、減額して支給される。この間の勤務実績がない以上、勤務に対する対価が支払われない（ノーワーク・ノーペイの原則）ということである。

　修学部分休業の承認を受けた職員が休職又は停職の処分を受けた場合には、その承認は失効する。

　以上のほか、修学部分休業に関し必要な事項は、条例で定める。

2　高齢者部分休業（26条の3）

　高齢者部分休業とは、高年齢として条例で定める年齢に達した日以後の日で申請において示した日から定年退職日までの期間における休業をいう。

　任命権者は、当該条例で定める年齢に達した職員（臨時的任用

重要度　★☆☆

職員等の任期を定めて任用される職員及び非常勤職員を除く。）が申請した場合に、公務の運営に支障がないと認めるときは、条例で定めるところにより、高齢者部分休業を承認することができる。この承認により、上記の期間で申請者が示した日から定年退職日まで、１週間の勤務時間の一部について勤務しないことができる。

　この間の給与、承認の失効等については、１の修学部分休業と同様である。

143

【基本】休業はどのように定められているのか。

　地方公務員法上、休業とされるのは、自己啓発等休業、配偶者同行休業、育児休業及び大学院修学休業の４つである（26条の４）。育児休業については［50］を参照。

1　自己啓発等休業（26条の５）

　自己啓発等休業は、３年を超えない範囲内で条例で定める期間、ⅰ大学等課程の履修又はⅱ国際貢献活動を行うための休業である。ⅰの大学等課程とは、大学その他の条例で定める教育施設の課程の履修をいう。また、ⅱの国際貢献活動とは、国際協力の促進に資する外国における奉仕活動（当該奉仕活動を行うために必要な国内における訓練その他の準備行為を含む。）のうち職員として参加することが適当であると認められるものとして条例で定めるものに参加することをいう。

　任命権者は、職員（臨時的任用職員等の任期を定めて任用される職員及び非常勤職員を除く。）が申請した場合において、公務の運営に支障がなく、かつ、その職員の公務能力の向上に資すると認めるときは、条例で定めるところにより、承認することができる。

　自己啓発等休業をしている職員は、職を保有するが、職務に従事しない。また、自己啓発等休業をしている期間については、給与は支給されない。

　自己啓発等休業をしている職員が休職又は停職の処分を受けた場合には、その承認は失効する。職員が大学等課程の履修又は国際貢献活動を取りやめたことその他条例で定める事由に該当するときは、任命権者によって承認が取り消される。

2　配偶者同行休業（26条の６）

　配偶者同行休業は、職員（臨時的任用職員等の任期を定めて任

用される職員及び非常勤職員を除く。）が、外国での勤務その他の条例で定める事由により外国に住所又は居所を定めて滞在するその配偶者（事実上婚姻関係と同様の事情にある者を含む。）と、当該住所又は居所において生活を共にするための休業である。

　任命権者は、職員が申請した場合において、公務の運営に支障がないと認めるときは、条例で定めるところにより、承認することができる。休業の期間は、３年を超えない範囲内において条例で定める期間で、その期間内であれば、特別の事情がある場合を除き、１回の延長を申請することができる。

　職の保有と職務への不従事、給与の不支給については、１と同様である。

　配偶者同行休業をしている職員が休職・停職の処分を受けた場合又は配偶者同行休業に係る配偶者が死亡し、若しくは当該職員の配偶者でなくなった場合には、承認は失効する。職員が配偶者と生活を共にしなくなったことその他条例で定める事由に該当するときは、任命権者によって承認が取り消される。

3　大学院修学休業（教特法26〜28条）

　大学院修学休業は、公立の小中高校の教諭等が対象である。３年を超えない範囲内で年を単位に、大学院の課程等に在学してその課程を履修するための休業である。教諭等から任命権者の許可を申請する。大学院修学休業している者は地方公務員の身分を保有するが、給与は支給されない。休職・停職の処分を受けた場合には許可は失効し、大学院の課程等を退学したことその他政令で定める事由に該当するときは、任命権者によって許可が取り消される。条件付採用期間中の者、臨時的任用者、初任者研修を受けている者等には認められない。

[50] 育児・介護に関する休業

【基本】育児に関する休業はどのように定められているのか。

　職員の育児休業、育児短時間勤務及び部分休業があり、これらの休業を理由として不利益な取扱いをすることが禁じられている（地方公務員育休法9・16・19条）。

1　育児休業（地方公務員育休法2条）

　子を養育する職員（育児短時間勤務に伴う短時間勤務職員、臨時的任用職員その他その任用状況がこれらに類する職員として条例で定める職員を除く。）は、任命権者の承認を受けて、その子が3歳に達する日まで（非常勤職員の場合は1歳から1歳6月までの間で条例で定める日まで）、育児休業をすることができる。任命権者は、育児休業の請求があったときは、その請求した期間についてその職員の業務を処理するための措置を講ずることが著しく困難である場合を除き、これを承認しなければならない。

　育児休業の期間中、職員は、職を保有するが職務に従事せず、給与も支給されない（地方公務員育休法4条）。ただし、国家公務員を基準として定める条例により、期末手当又は勤勉手当の支給ができる（同法7条）。なお、地方公務員共済組合の休業給付として、原則としてその子が1歳に達する日までの期間、給料日額の4割に相当する金額に一定割合を乗じて得た額の育児休業手当金の支給を受ける（地共済法70条の2）。

2　育児短時間勤務（地方公務員育休法10条）

　小学校就学始期に達するまでの子を養育する職員は、任命権者の承認を受けて、その子の養育のため、週休日以外の日に10分の1勤務時間とする等の5つの勤務形態のうち、希望する日・時間等で勤務することができる。ただし、1月以上1年以下の期間に限られる。職員の給与、勤務時間及び休暇は、国家公務員を基準として措置を講じる（同法14条）。なお、非常勤職員、臨時的任

用職員その他これらに類する職員として条例で定める職員は、対象とならない。

3　部分休業（地方公務員育休法19条）

　小学校就学始期（任期付短時間勤務職員以外の非常勤職員の場合は3歳）に達するまでの子を養育する職員は、任命権者の承認を受けて、その子の養育のため、1日の勤務時間の一部（2時間を限度とする）について勤務しないことができる。勤務しない時間の給与は、減額される。なお、育児短時間勤務職員その他その任用の状況がこれに類する職員として条例で定める職員は、対象とならない。

【基本】介護に関する休業はどのように定められているのか。

　職員には、要介護家族（職員の配偶者、父母、子又は配偶者の父母であって負傷、疾病又は身体上・精神上の障害により一定の期間にわたり日常生活を営むのに支障があるもの）の介護をするため、介護休業の制度が設けられている。介護休業は、任命権者又はその委任を受けた者の承認が必要であり、任命権者は、承認の請求があったときは、その期間のうち公務の運営に支障があると認められる日又は時間を除き、原則として、これを承認しなければならない（育休法61条6項）。

　介護休業の期間は、連続する3か月の期間内において必要と認められる期間である。この期間については給与が減額されるが、共済組合から、給料日額の4割に相当する金額に一定割合を乗じて得た額の介護休業手当金が支給される（地共済法70条の3）。

[38] 勤務条件

1 （　）「勤務条件」とは、職員が地方公共団体に対して職務を
提供する場合の諸条件のことをいうが、これに給与は含
まれない。

2 （　）「情勢適応の原則」とは、地方公共団体が、勤務条件が
社会一般の情勢に適応するように、随時、適当な措置を
講じなければならないとすることをいう。

3 （　）人事委員会は、勤務条件が社会一般の情勢に適応するよ
うにするため講ずべき措置について、地方公共団体の長
に勧告することができ、勧告を受けた長は、その内容を
議会に報告しなければならない。

[39] 給与の意義

1 （　）「給料」とは、職員の職務に対する対価を総称する給与
のうち、基本給に相当する部分をいう。

2 （　）職員の給与には、給料のほか期末手当、勤勉手当などが
含まれるが、扶養家族の存在を要件とする扶養手当や家
賃支払の補塡を目的とする住居手当は給与ではない。

3 （　）非常勤職員に支給される給与は、報酬のほか、常勤職員
に支給される手当のうち条例で定めるものである。

[40] 給与の決定に関する原則

1 （　）職員の給与は、その職務と責任に応ずるものでなければ
ならず、給与額の決定に当たって生計費は考慮してはな
らない。

2 （　）職員の給与は、国又は他の地方公共団体の給与を考慮し
て定めなければならないが、民間企業の給与水準は、公
務員と給与体系が異なるから、考慮する必要はない。

[38]

1 × 給与は、勤務条件の典型である。

2 ○ 記述のとおり。

3 × 人事委員会は、地方公共団体の議会及び長に勧告することができる。

[39]

1 ○ 記述のとおり。

2 × 記述されている手当は、全て給与に含まれる。

3 × 非常勤の職員に対して手当を支給することはできない。

[40]

1 × 生計費も考慮事項の1つである。

2 × 職員の給与は、民間企業の給与についても考慮する必要がある。

3 （　）職員の給与は、法律又はこれに基づく条例に基づいて支給されなければならないとする原則を「条例主義」という。

[41]　給与の支給に関する原則

1 （　）給与は、通貨で、直接職員に、その全額を支払わなければならないが、一般の職員については、これらの全てについて、法律又は条例で定めることにより特例を定めることができる。

2 （　）給与は、毎月1回以上、一定の期日を定めて支払わなければならず、この例外は認められていない。

3 （　）職員に兼務を発令した場合には、その職員に対し、本務の給与のほか、兼務する職について給与を支給しなければならない。ただし、これを減額することができる。

[42]　給与条例及び給料表

1 （　）給与条例は、常勤の職員の給与について定めるものであり、非常勤の職員の給与は条例で定める必要はない。

2 （　）給与条例に定める等級別基準職務表には、職員の職務の複雑、困難及び責任の度に基づく等級ごとに明確な給料額の幅を定めていなければならない。

3 （　）人事委員会は、毎年少なくとも1回、給料表が適当であるかどうかについて、地方公共団体の議会及び長に同時に報告する。

3　○　記述のとおり。

[41]

1　○　記述のとおり。

2　×　労基法上臨時に支払われる一定の給与は例外とされており、職員の期末・勤勉手当がこれに該当する。

3　×　重複給与支給の禁止に該当し、兼務について給与は支給されない。

[42]

1　×　非常勤職員の職等について行う給与の調整に関する事項が条例で定める事項として規定されている。また、条例主義は、非常勤の職員にも適用され、条例に基づかずに給与を支給することはできない。

2　×　等級別基準職務表には、職員の職務を給料表の等級ごとに分類する際に基準となるべき職務の内容を定めていなければならない。

3　○　記述のとおり。

[43] 給与以外の勤務条件

1 （　） 職員の給与、勤務時間その他の勤務条件は、条例で定めるが、給与以外の勤務条件は、条例の委任があれば、任命権者と職員団体との間の書面協定により定めることができる。

2 （　） 職員の給与以外の勤務条件を定めるに当たっては、民間事業の従事者との均衡を図るべきとはされていない。

3 （　） 職員の給与以外の勤務条件には、原則として労働基準法の労働条件に関する規定が適用されない。

[44]・[45] 勤務時間・休憩

1 （　） 勤務時間は、労働基準法によれば、原則として1週間40時間、1日8時間を超えてはならないとされているが、この時間は、休憩時間を含めて計算される。

2 （　） 職員が職務命令に基づいて研修に参加した場合、その研修を受けている時間は、勤務時間である。

3 （　） 休憩時間は、勤務時間の途中に与えなければならないが、公務の運営上支障がある場合には、これを勤務時間の最後に与えることができる。

4 （　） 休憩時間は、原則として、職場で一斉に与えるとともに、職員の自由に利用させなければならない。

5 （　） 機密に関する事務に従事する職員については、労働基準監督機関に届け出て、勤務時間に関する規制の適用を除外することができる。

[46]・[47] 休日・休暇・休業・週休日

1 （　） 労働基準法では、労働の義務を負わない日を「休日」というが、使用者には、毎週少なくとも2回又は4週を通

[43]

1 × 職員の給与、勤務時間その他の勤務条件は、条例で定めることとされており、記述のような例外はない。

2 ○ 記述のとおり。

3 × 職員には、原則として労基法の労働条件の規定が適用される。

[44]・[45]

1 × 休憩時間は、勤務から離れる時間であり、勤務時間から除かれる。

2 ○ 記述のとおり。

3 × 休憩時間を勤務時間の途中に与えないことや、次の勤務日に繰り越すことはできない。

4 ○ 記述のとおり。

5 × 機密事務の従事職員には、労基法上、勤務時間に関する規制が適用されない。

[46]・[47]

1 × 休日は、毎週少なくとも1回又は4週を通じて4日以上、与えなければならない

じて8日以上、休日を与えなければならない。
2 （　）一般的に、休日は勤務を要しない日であるが、これは、勤務時間の割振りのない土曜日・日曜日の週休日と、正規の勤務時間でも勤務を要しない狭義の休日とがある。
3 （　）「休暇」とは、法律又は条例に基づいて、当然に、職務専念義務が免除される日又は時間のことをいう。
4 （　）任命権者は、職員が年次有給休暇を請求した場合には、その請求された時季に与えなければならないが、職務遂行上支障がある場合には他の時季に変更することができる。

[48]　部分休業

1 （　）修学部分休業又は高齢者部分休業は、臨時的任用職員等の任期を定めて任用される職員及び非常勤職員は、取得することができない。
2 （　）職員が修学部分休業の申請をした場合において、その職員の公務能力の向上に資すると認められるときは、任命権者は、条例で定めるところにより、修学部分休業を承認することができる。
3 （　）高齢者部分休業の承認を受けた職員が、休職又は停職の処分を受けた場合には、任命権者は、その承認を取り消すことができる。

[49]　休業

1 （　）地方公務員法上、休業とされるのは、自己啓発等休業、配偶者同行休業及び育児休業の3種類である。
2 （　）自己啓発等休業は、3年を超えない範囲内で、大学等課程の履修又は国際貢献活動若しくは国内奉仕活動を行うための休業である。

2 ○ 記述のとおり。

3 × 休暇を取得するには、職員が請求し、任命権者がこれを承認することが必要である。

4 ○ 記述のとおり。

[48]

1 ○ 記述のとおり。

2 × 承認には、公務の運営に支障がないと認められることも必要である。

3 × 休職又は停職の処分を受けた場合には、高齢者部分休業の承認は失効する。

[49]

1 × 記述のものに加え、大学院修学休業がある。

2 × 自己啓発等休業は、国内での奉仕活動を行うためには認められていない。

3 （　）配偶者同行休業をしている職員が配偶者同行休業に係る
　　　　配偶者と離婚をした場合には、その承認は効力を失う。

[50]　育児・介護に関する休業

1 （　）職員は、その職員の生後3年に満たない子を養育するた
　　　　めに育児休業の請求ができるが、任命権者は、その職員
　　　　の業務を処理するための措置を講ずることが著しく困難
　　　　な場合は、これを他の時季に変更することができる。
2 （　）非常勤の職員は、常勤の職員と同様に、その子が3歳に
　　　　達する日まで育児休業を取得できる。
3 （　）介護休業は、法律上、職員の要介護家族の介護をするた
　　　　めに認められるが、職員の同居の祖父母は要介護家族に
　　　　は含まれていない。

3　○　記述のとおり。

[50]　

1　×　記述のような場合、任命権者は承認をしないことができるが、法律上、時季変更権は認められていない。

2　×　非常勤職員については、子が1歳から1歳6月までの間で条例で定める日までである。

3　○　記述のとおり。

落ち着いて
よく考えて

157

第7章　厚生福利

[51] 厚生制度

【基本】職員の福祉及び利益の保護の根本基準は何か。

1 職員の福祉及び利益の保護の根本基準（41条）

地方公務員法は、職員の福祉及び利益の保護は、適切であり、かつ、公正でなければならないと規定する。

2 根本基準の意味・趣旨等

1の根本基準における「福祉」や「利益の保護」という語は、多義的であるが、ここでは、「福祉」とは、ⅰ厚生福利制度及びⅱ公務災害補償制度を意味する。このうち、ⅰの厚生福利制度には、㋐厚生制度及び㋑共済制度が含まれる。また、「利益の保護」とは、ⅲ勤務条件に関する措置の要求の制度及びⅳ不利益処分に関する審査請求の制度を意味する。

福祉及び利益の保護が「適切」であるとは、これらの制度が、一般の社会情勢に適応していること、公務員の地位と職務の特殊性に配慮しつつも、民間の労働者と均衡のとれたものであることなどを意味する。また、「公正」であるとは、特に利益の保護の制度の運用において公平であり、誤りがあってはならないことを意味する。なお、地方公務員法41条の規定は、そうあるべきことを訓示するための規定であるから、この規定から直ちに職員に何らかの請求権が与えられるものではない。

【基本】厚生制度とは何か。また、どのように実施するのか。

1 厚生制度の意義

「厚生」とは、一般に健康を維持、増進させることをいうが、地方公務員法にいう「厚生」には、特に定めのある共済制度及び公務災害補償制度は含まれない。

2 厚生に関する計画の樹立及び実施

地方公共団体は、職員の保健、元気回復その他厚生に関する事

項について計画を樹立し、これを実施しなければならない（42条）。このように、職員の厚生について、地方公共団体にその実施の義務があるが、職員の身分取扱いであるから、原則として任命権者がその責任を負うことになる。

　ⅰ任命権者は、厚生に関する計画を樹立しなければならない。この計画は、条例のほか、規則、規程等適宜の方法で定めればよい。ⅱ任命権者は、自ら厚生に関する計画を実施し、その費用は、地方公共団体が負担する。ただし、互助会が事業を実施し、地方公共団体と職員が経費を負担することも差し支えない。また、ⅲ人事委員会は、厚生福利制度について絶えず調査研究を行い、その成果を地方公共団体の議会若しくは長又は任命権者に提出する権限を有している（［４］参照）。

【発展】厚生制度には、具体的にどのような制度があるのか。

　厚生制度の対象となるのは、「職員の保健、元気回復その他厚生に関する事項」である。
① 「保健」とは、健康を保つことであり、疾病の予防や早期発見、リハビリテーションのための措置等をいう。具体的には、健康診断の実施や診療所の設置などがこれに当たる。
② 「元気回復」とは、職務に伴う疲労を回復し、気分を転換することで、一般にはレクリエーションといわれる。具体的には、運動会の実施、サークル活動の支援などがこれに当たる。
③ 「その他」の厚生制度には、種々あるが、互助会、職員宿舎の貸与、団体生命保険等への便宜供与などがこれに当たる。このうち、互助会とは、職員のための互助組織をいい、一般に、条例で設けられる。互助会は、職員の冠婚葬祭に際しての給付や生活物資の斡旋等の厚生福利事業を実施し、職員の掛金と地方公共団体の補助金により運営される。

【基本】共済制度とは、どのようなものなのか。

1 共済制度の意義

「共済制度」とは、職員が一定額の掛金を積み立て、職員又はその被扶養者に病気、死亡、災害などの一定の事故が生じた場合に給付を行い、職員間の相互救済を図る制度をいう。

2 共済制度に関する地方公務員法の規定（43条）

① 次のi～viの場合に関して、適切な給付を行うための相互救済を目的とする共済制度が、実施されなければならない。i職員・その被扶養者の病気、負傷、出産、ii職員の休業、iii職員・その被扶養者の災害、iv職員の退職、v職員の障害又はvi職員の死亡の場合である。

② 共済制度には、退職年金に関する制度が含まれていなければならない。退職年金の制度とは、i職員が相当年限忠実に勤務して退職した場合又はii公務に基づく病気や負傷により退職・死亡した場合に、その者又はその遺族に対して支給されるものをいう。また、退職年金は、退職・死亡の時の条件を考慮して、本人及びその退職・死亡の当時その者が直接扶養する者のその後における適当な生活の維持を図ることを目的としなければならない。

③ 地方公務員の共済制度は、国家公務員の共済制度との間に権衡を失しないように適当な考慮が払われなければならない。

④ 共済制度は、健全な保険数理を基礎として定めなければならない。

⑤ 共済制度は、法律によって定める。制度の詳細は、地方公務員等共済組合法などの法律によって定められている。

3 共済制度の趣旨

共済制度は、職員又はその家族の現在及び将来の生活の安定を

図ることによって、職員が安んじて職務に専念することができ、公務の能率的運営に資することを目的とする制度であり、職員の厚生福利制度の中心的な制度である。それとともに、共済制度は、社会保険制度としての性格をも併せ有しており、健全な国民生活の維持及び向上に寄与するものである。

【基本】共済制度には、どのような事業があるのか。

　共済事業として、次の事業が行われる。

①　短期給付　組合員又は被扶養者の病気、負傷、出産、災害等に関する給付であり、健康保険等の医療保険に相当するものである。短期給付には、法律の定めるところにより一律に行われる「法定給付」と組合が定款に定めて行う「附加給付」がある。

　　ⅰ「法定給付」には、㋐保健給付、㋑休業給付、㋒災害給付がある。㋐保健給付は、組合員・被扶養者の病気、出産、死亡等に関する給付であり、療養の給付、療養費、出産費、埋葬料などがある。㋑休業給付は、組合員の休業に関する給付であり、傷病手当金、出産手当金、育児休業手当金及び介護休業手当金がある。㋒災害給付は、組合員・被扶養者の被った災害に対する給付であり、弔慰金、災害見舞金等がある。

②　長期給付　組合員が一定の期間以上在職したとき、一定の障害状態となったとき又は死亡したときに行う給付であり、厚生年金と一元化されている。長期給付には、ⅰ老齢厚生年金、ⅱ障害厚生年金及び障害手当金、ⅲ遺族厚生年金がある。

③　福祉事業　組合員の福祉を増進するために行う福利・厚生に関する事業である。共済組合は、福祉事業として、健康の保持増進の事業や保養・宿泊施設の経営、資金の貸付け、生活必需物資の供給等の事業を行うことができる。

[53] 共済制度2

【基本】共済制度は、誰が実施するのか。

1 共済制度の実施主体

共済制度の実施主体は、共済組合である。共済組合は、地方公務員等共済組合法に基づいて設立され、常勤の地方公務員をもって構成される公法人である。

共済組合には、定款に基本的な事項が定められる。また、議決機関として運営審議会又は組合会が、執行機関として理事長ほかの役員が置かれる。また、地方公共団体の機関は、その所属の職員等に組合の事務に従事させる等の便宜の供与を行うことができる。

2 共済組合の種類

共済組合の種類及びこれを組織する職員の範囲は、以下のとおりである（地共済法3条）。

① 地方職員共済組合　道府県の職員（②・③の職員を除く。）

② 公立学校共済組合　公立学校の職員並びに都道府県教育委員会の職員及びその所管に属する教育機関の職員

③ 警察共済組合　都道府県警察の職員

④ 都職員共済組合　都と特別区の職員（②・③の職員を除く。）

⑤ 指定都市職員共済組合（都市ごとに設置）　指定都市の職員（②の職員を除く。）

⑥ 市町村職員共済組合（都道府県の区域ごとに設置）　指定都市以外の市及び町村の職員（②の職員を除く。）

⑦ 都市職員共済組合（都道府県の区域内で単独又は共同で設置）　旧市町村職員共済組合法の全部の適用を受けていなかった指定都市以外の市の職員（②の職員を除く。）

また、共済組合の連合体として、ⅰ全国市町村職員共済組合連合会及びⅱ地方公務員共済組合連合会が設けられている。

3　組合員

　常勤の地方公務員は、共済組合の組合員となる。常勤の地方公務員であれば、特別職も組合員となる。ただし、ⅰ休職や停職の処分を受けた者、ⅱ職務専念義務を免除された者及びⅲ非常勤職員でその勤務形態が常勤の職員に準ずる一定のものも、組合員となる。

　職員は、職員となった日から組合員の資格を取得する。死亡又は退職したときは、その日の翌日から組合員の資格を失う。

【発展】共済制度の運営に要する費用は誰が負担するのか。

　共済組合の行う事業に要する費用は、組合員の掛金と地方公共団体の負担金によって賄われる。その負担割合は、次のとおりである（地共済法113条）。

①　短期給付に要する費用（介護納付金の納付に要する費用を除く。）　掛金と負担金が同額

②　介護納付金の納付に要する費用　掛金と負担金が同額

③　退職等年金給付に要する費用　掛金と負担金が同額（厚生年金保険給付に要する費用は、保険料を充てる。）

④　福祉事業に要する費用　掛金と負担金が同額

　なお、育児休業手当金及び介護休業手当金については、その一定割合を地方公共団体が負担し、残りを①に従って折半する。また、基礎年金拠出金に係る負担に要する費用については地方公共団体がその2分の1を負担する。

【基本】公務災害補償とは何か。また、なぜこれが行われるのか。

　「公務災害補償」とは、地方公共団体の職員が公務上の災害（負傷、疾病、障害又は死亡）を受けた場合に、その災害によって本人又はその被扶養者が受けた損害を補償する制度をいう。

　この制度は、被災した職員及びその遺族の生活の安定と福祉の向上に寄与するものであり、職員に対する福祉制度の1つである。また、この制度は、民間の労働者の「災害補償」や国家公務員の「公務傷病に対する補償」に相当するものであり、これらの制度とともに、社会保障制度の体系の中に位置づけられる。

【基本】どのような場合に公務上の災害となるか。

　公務上の災害といえるためには、ⅰ「公務起因性」及びⅱ「公務遂行性」が必要であると解されている。ⅰ「公務起因性」とは、その災害の発生が職務遂行と相当因果関係にあることをいう。また、ⅱ「公務遂行性」とは、その災害の発生が任命権者が管理し、支配している公務に従事しているときに発生したものであることをいう。これらの要件を充たしているかどうかは、個々のケースに応じて具体的に判断される。

　なお、災害の発生について任命権者等に過失があることは必要ではなく、いわゆる無過失責任主義を採っている。ただし、地方公共団体が、国家賠償法、民法等に基づいて損害賠償責任を負う場合に、重複して補償を受けることができるということではない。

【基本】公務災害補償について地方公務員法にはどのような定めがあるか。

　地方公務員法は、ⅰ職員が、公務により死亡し、負傷し、又は疾病にかかった場合、ⅱ職員が、公務による負傷又は疾病により

死亡し、又は障害の状態となった場合、ⅲ船員である職員が公務により行方不明となった場合の3つの場合について、その職員又は遺族・被扶養者がこれらによって受ける損害は、補償されなければならないと定めている（45条1項）。

　また、以上の補償の迅速かつ公正な実施を確保するため必要な補償に関する制度が実施されなければならないと規定している（45条2項）。この規定に基づいて、地方公務員災害補償法等に具体的な制度が定められている。

【発展】地方公務員災害補償法に基づく公務災害の補償について、その対象はどのようなものか。

1　対象となる職員

　ⅰ常勤の地方公務員及びⅱ非常勤職員のうちその勤務形態が常勤の職員に準ずる一定のものが、地方公務員災害補償法に基づく公務災害補償の対象となる。

2　対象となる災害

　公務上の災害のほか、通勤による災害に対する補償も行う。

　「通勤による災害」とは、職員が勤務のため、住居と勤務場所との間を、合理的な経路及び方法により往復する間に受けた災害をいう。ただし、日用品の買物など日常生活上必要な一定の行為をやむを得ない事由により行うために、通勤の経路の最小限度の逸脱又は中断を行った場合に受けた災害は、通勤による災害となる。

[55] 公務災害補償2

【発展】地方公務員災害補償法に基づく公務災害の補償について、補償実施機関、補償内容等はどのようなものか。

1 補償実施機関

　補償を実施する機関として、地方公務員災害補償基金（基金）が置かれている。基金は、地方公共団体に代わって被災職員の公務災害及び通勤による災害の認定を行うとともに、これらの災害に対する補償を行う。

　基金は、そのほかに、ⅰ被災職員の円滑な社会復帰を促進するために必要な事業、ⅱ被災職員の療養生活の援護、被災職員が受ける介護の援護、その遺族の就学の援護等被災職員及びその遺族の援護を図るために必要な事業等の福祉事業を行う。

2 補償の請求

　補償を受けようとする職員や遺族等は、基金に対して請求を行わなければならない。基金は、この請求を受けたときは、その補償の原因である災害が公務又は通勤により生じたものであるかどうかを速やかに認定し、その結果を、請求をした者及びその災害を受けた職員の任命権者に通知しなければならない。なお、基金は、認定をするに当たって、災害を受けた職員の任命権者の意見を聴かなければならない。

　基金の行った決定に対する審査請求の審査機関として、地方公務員災害補償基金審査会及びその支部審査会が置かれる。

3 補償の種類及び内容

① 　療養補償　負傷し、又は疾病にかかった場合に、必要な療養を行い、又は必要な療養の費用を支給する。

② 　休業補償　負傷し、又は疾病にかかり、療養のために勤務することができない場合において給与を受けないときに、その期間について平均給与額の6割に相当する金額を支給する。

　「平均給与額」とは、原則として、過去3か月間に支払われた給与の総額をその期間の総日数で割って得た額である。

③　傷病補償年金　負傷又は疾病の療養の開始後1年6か月を経過した日以後においてもそれが治癒せず、一定の障害の状態にあるときに、その状態が継続する期間、平均給与額に障害の等級に応じて定められた率をかけて得た額を支給する。

④　障害補償　負傷又は疾病が治癒したものの一定の障害がある場合に、障害の程度に応じて年金又は一時金を支給する。

⑤　介護補償　傷病又は疾病のために介護を受ける場合に、その費用を支給する。

⑥　遺族補償　職員が死亡した場合に、遺族の範囲に応じて年金又は一時金を支給する。

⑦　葬祭補償　職員が死亡した場合に葬祭に要する費用の名目で一定金額を支給する。

4　費用の負担

　基金の業務に必要な費用は、地方公共団体の負担金を主な財源とする。この負担金の額は、その地方公共団体の職員を職種ごとに区分し、その職種ごとの職員の給与総額に一定の割合をかけた額を合計した額である。これに対し、職員には、費用の負担はないが、通勤による災害により療養補償を受ける場合には、一部負担金を払い込まなければならない。

【発展】地方公務員災害補償法の適用を受けない職員の公務災害の補償は、どのように行われるのか。

　地方公務員災害補償法の適用がない非常勤の地方公務員の公務災害補償については、条例で、公務上の災害及び通勤による災害に対する補償の制度を定めなければならない。この制度は、地方公務員災害補償法と均衡を失したものであってはならない。

[51] 厚生制度

1 （　） 厚生制度は、地方公共団体が計画を樹立し、自ら実施しなければならないから、互助会が行う活動はこれに含まれない。

2 （　） 厚生制度を実施するための費用は、地方公共団体が負担しなければならず、職員から費用を徴収することはできない。

3 （　） 人事委員会は、厚生福利制度について調査研究を行い、その成果を地方公共団体の議会若しくは長又は任命権者に提出することができる。

[52]・[53] 共済制度

1 （　） 職員に対する共済制度を実施することを目的として、地方公共団体の機関として共済組合が置かれている。

2 （　） 地方公務員共済組合は、職員の福利厚生の増進を図るため、各地方公共団体の条例に基づいて設立された組織である。

3 （　） 共済制度は、法律によって定められており、地方公共団体が条例で独自の事業を行うことはできない。

4 （　） 共済制度は、健全な保険数理を基礎として定められるものであり、国の制度との権衡について考慮を払う必要はない。

5 （　） 地方公務員の共済制度は、職員間の相互救済を目的とするから、その給付に要する費用はその全額を職員が負担する。

[54]・[55] 公務災害補償

1 （　） 公務災害補償には、災害の発生について、使用者である

[51]

1 × 厚生制度は地方公共団体が実施するが、互助会を組織してこれに給付を行わせることも広義の厚生制度に含まれる。

2 × 厚生制度のための費用は、地方公共団体が負担するのが原則であるが、互助会のように職員から掛金を徴収することなども可能である。

3 ○ 記述のとおり。

[52]・[53]

1 × 共済組合は、地方公共団体の機関ではなく、別の法人である。

2 × 共済組合の設立は、地方職員等共済組合法による。

3 ○ 記述のとおり。

4 × 国の制度との間に権衡を失しないように適当な考慮が払われなければならない。

5 × 地方公共団体も負担金を負担する。

[54]・[55]

1 × 災害の発生について使用者である地方公共団体

地方公共団体の過失があることが要件とされる。

2 （ ）公務災害補償は、具体的な制度では、公務上の災害のほか、職員が住居と勤務場所との間を通勤する際に生じた災害もその対象とする。

3 （ ）公務災害補償を実施するために要する費用は、地方公共団体及び職員が折半して同額を負担することを原則とする。

4 （ ）公務災害補償は、公務上の負傷又は疾病に対して療養を行い、又はその費用を支給するほか、その療養のために勤務することができない期間の所得の喪失に対する補償も行う。

5 （ ）地方公務員災害補償基金は、常勤職員に対する公務災害補償のほか、非常勤職員に対する公務災害補償を行う。

に過失のあることを要件としない。

2　○　記述のとおり。

3　×　通勤災害に係る一部負担金を除き、使用者である地方公共団体だけが費用を負担する。

4　○　記述のとおり。

5　×　非常勤職員に対する公務災害補償は、地方公共団体が行う。

落ち着いて
よく考えて

第8章　利益保護

【基本】職員の権利利益を保護する制度には、どのようなものがあるか。

　職員は公共の利益のために勤務する者であることから、その地位の特殊性と職務の公共性に鑑みて労働基本権の一部を制約されている。すなわち、職員の勤務条件は、民間労働者のように労働契約や団体交渉の結果に基づく労働協約によって決定することができず、また、その主張を貫徹するために争議行為を行うこともできない。そこで、これらの代替措置として、地方公共団体に中立的かつ専門的な機関である人事委員会又は公平委員会が置かれ、これらの機関によって職員の権利の保護を図る2つの制度が設けられている。すなわち、ⅰ「勤務条件に関する措置の要求の権利」とⅱ「不利益処分に対する審査請求」である。両者は、いずれも職員の権利の保障を請求する権利であることから、「保障請求権」といわれている。

【基本】勤務条件に関する措置要求とはどのような制度か。

　「勤務条件に関する措置要求」とは、職員が勤務条件に関し、人事委員会・公平委員会に対して、地方公共団体の当局により適当な措置が執られるべきことを要求することができる制度をいう。この制度は、職員の労働基本権の制約の代替措置として設けられており、職員の勤務条件を維持し、改善し、その適正化を図ることを目的とするものである。

　措置要求の制度がこのような意義を持つものであることから、措置要求の申出を故意に妨げた者は、3年以下の懲役又は100万円以下の罰金に処せられる。その妨害行為を企て、命じ、故意にこれを容認し、唆し、又はほう助した者も同じ刑に処せられる（[37] 参照）。

【発展】勤務条件に関する措置要求は、誰が、どの機関に対し要
　　　　求をするのか。

1　措置要求をすることができる者（46条）

　措置要求をすることができるのは、一般職の職員である。これ
には、条件付採用期間中の職員や臨時的任用職員も含まれる。こ
れに対し、職員団体や退職した職員は、職員ではないから、措置
要求をすることができない。

　ただし、一般職の職員であっても、地方公営企業・特定地方独
立行政法人の職員及び単純労務職員は、措置要求をすることがで
きない（地公企法39条1項、地方独法法53条1項、地公労法17
条・附則5項）。これらの職員は、団体交渉の結果に基づき労働
協約を締結することにより勤務条件を決定することができ、また、
苦情処理については苦情処理共同調整会議の制度があるほか、労
働委員会によるあっせん、調停又は仲裁の制度があるからである。

2　措置要求の審査機関

　措置要求の審査機関は、その地方公共団体の人事委員会又は公
平委員会である。ただし、公平委員会を共同して設置している場
合にはその共同設置した公平委員会が、他の地方公共団体の人事
委員会に公平委員会の事務を委託している場合はその委託を受け
た人事委員会が、それぞれ審査機関となる。

　なお、県費負担教職員の措置要求については、指定都市の教職
員はその指定都市の人事委員会が、それ以外の教職員は都道府県
の人事委員会が、それぞれ審査機関となる（地教行法施行令7条）。

[57] 勤務条件に関する措置要求2

【発展】勤務条件に関する措置要求は、どのような内容の要求を することができるのか。

　措置要求をすることができるのは、給与、勤務時間その他の勤務条件に関してである。「勤務条件」とは、職員団体の交渉の対象となる勤務条件（[63] 参照）と同じ意味である。ここでは、広くその地方公共団体の職員全体の勤務条件を指しているから、職員自身の現在の勤務条件に限られない。

　なお、職員の給与などは条例で定められるが、そのような事項であっても、勤務条件である以上、措置要求の対象となる。これに対し、職員の定数の増減、予算の増減、行政機構の改革などいわゆる管理運営事項は、それ自体は勤務条件ではなく、これらについて措置要求をすることはできない。

【発展】措置要求の審査は、どのように行われ、審査の結果どのような措置が執られるのか。

1　審査の手続（47条）

　人事委員会又は公平委員会は、措置要求があったときは、事案について口頭審理その他の方法による審査を行い、事案の判定を行う。

　この審査は、不利益処分に対する審査請求の審査（[59] 参照）とは異なり、請求者から請求があった場合であっても口頭審理を行う必要はなく、また、証人を喚問し、又は書類やその写しの提出を求めることはできるが（8条6項）、これに応じなかったり、虚偽の陳述をしても、罰則の適用はない。

　措置要求に対する人事委員会・公平委員会の判定に不服がある場合にはその審査を人事委員会・公平委員会に請求することができると解されている（8条8項）。また、同じ職員が再度同じ措

置要求をすることは、これを禁じる規定もなく、可能である。

2　審査の結果執るべき措置（47条）

　人事委員会又は公平委員会は、1の判定の結果に基づいて、i自らの権限に属する事項については、自らこれを実行しなければならない。iiその他の事項については、当該事項に関し権限を有する地方公共団体の機関に対し、必要な勧告をしなければならない。この勧告には、法的拘束力はない。しかし、措置要求の制度の趣旨に鑑みれば、勧告を受けた機関がこれを尊重すべき道義的責務がある。

3　措置要求及び審査、判定の手続等（48条、8条8項）

　i措置要求及びその審査・判定の手続、ii審査・判定の結果執るべき措置に関し必要な事項、iii判定・処分について審査する手続は、人事委員会規則・公平委員会規則で定める。

【発展】人事委員会又は公平委員会の判定に対し不服がある者は、その取消しを求めて行政訴訟を提起することができるか。

　措置要求をした者が人事委員会又は公平委員会の判定に対し不服があるときは、その取消しを求めて行政訴訟を提起することができるか。この点、判例（昭36・3・28最判）は、措置要求により人事委員会に対して判定を求めることは、職員の権利ないし法的利益であるから、職員の措置要求を違法に却下したり、審査の手続が違法になされた場合にはその権利ないし法的利益が害されるから、人事委員会の判定は取消訴訟の対象となる行政処分に当たる、としている。この抗告訴訟は、地方公共団体を被告として提起するが、この場合、人事委員会又は公平委員会がその地方公共団体を代表する（8条の2）。

[58] 不利益処分に関する審査請求1

【基本】不利益処分に対する審査請求とはどのような制度か。また、どのような趣旨で定められているのか。

「不利益処分に対する審査請求」とは、職員がその意に反する不利益な処分を受けた場合に、人事委員会又は公平委員会に対し、審査請求をすることによってその救済を求める制度をいう（49条の2第1項）。

審査請求の制度は、職員の身分保障を実質的に担保するために、職員が違法又は不当な不利益処分を受けた場合に、中立的かつ専門的な機関による救済を行うための制度である。職員の「保障請求権」の1つである（[56]参照）。

【基本】不利益処分は、どのような手続で行われるのか。

1 不利益処分に関する説明書の交付（49条）

任命権者は、職員に対し、懲戒その他その職員の意に反すると認める不利益な処分を行う場合においては、その際、その職員に対し、処分の事由を記載した説明書を交付しなければならない。また、職員は、その意に反する不利益な処分を受けたと思うときは、任命権者に対し処分の事由を記載した説明書の交付を請求することができる。請求を受けた任命権者は、その日から15日以内に、説明書を交付しなければならない。

2 不利益処分に関する説明書の記載事項（49条4項）

1の説明書には、i処分の事由、iiその処分につき人事委員会又は公平委員会に対して審査請求をすることができる旨及びiii審査請求をすることができる期間を記載しなければならない。

なお、説明書の交付は、不利益処分の要件ではないから、説明書の不交付の場合や記載事項に不足がある場合でも、その処分の効力に影響はないと解されている。

【発展】審査請求は、誰が、どの機関に対して、いつまですることができるのか。

1　審査請求をすることができる者（49条の2第1項）

審査請求は、「懲戒その他その意に反する不利益な処分を受けた職員」ができる。ただし、ⅰ条件付採用期間中の職員及び臨時的任用職員は、分限に関する規定や行政不服審査法の適用がないから、また、ⅱ地方公営企業・特定地方独立行政法人の職員及び単純労務職員は、人事委員会又は公平委員会の管轄にないから、いずれも審査請求ができない。なお、退職者は、退職前の不利益処分について審査請求はできないが、免職処分を受けた者がその処分について審査請求をすることはできる。

懲戒処分や分限処分（［32］～［35］参照）が不利益処分の典型であるが、これら以外については、個々にⅰ職員の意思に反するか、ⅱ不利益な処分といえるかを判断する必要がある。

2　審査請求の審査機関（49条の2第1・2項）

審査請求の審査機関は、その職員が属する地方公共団体の人事委員会又は公平委員会である。なお、公平委員会を共同して設置している場合にはその共同設置した公平委員会が、他の地方公共団体の人事委員会に公平委員会の事務を委託している場合はその委託を受けた人事委員会が、それぞれ審査機関となる。また、県費負担教職員の審査請求は、指定都市の教職員は当該指定都市の人事委員会が、それ以外の教職員は都道府県の人事委員会が、それぞれ審査機関となる（地教行法施行令7条）。

3　審査請求期間（49条の3）

審査請求は、ⅰ処分があったことを知った日の翌日から起算して3月以内にしなければならず、また、ⅱ処分のあった日の翌日から起算して1年を経過したときはすることができない。

[59] 不利益処分に関する審査請求2

【発展】審査請求の審査はどのように行われ、また、審査の結果
どのような措置が執られるのか。

1 審査請求の審査（50条1・2項）

人事委員会又は公平委員会は、不利益処分に関する審査請求を
受理したときは、直ちにその事案を審査しなければならない。

その審査は、書面審理・口頭審理のいずれでもよいが、処分を
受けた職員から請求があったときは、口頭審理を行わなければな
らない。また、口頭審理は、その職員から請求があったときは、
公開して行わなければならない。

人事委員会又は公平委員会は、事案の審査に当たって、必要が
あると認めるときは、証人を喚問し、又は書類やその写しの提出
を求めることができる。i 正当な理由がないのに証人喚問に応じ
ない者、ii 尋問に対し虚偽の陳述をした者、iii 正当な理由がない
のに書類やその写しの提出に応じない者、iv 虚偽の事項を記載し
た書類や写しを提出した者は、いずれも3年以下の懲役又は100
万円以下の罰金に処せられる（[37] 参照）。

人事委員会又は公平委員会は、必要があると認めるときは、審
査請求に対する裁決を除き、審査に関する事務の一部を委員又は
事務局長に委任することができる。

2 審査の結果に基づく措置（50条3項）

審査が終了したときは、次のいずれかの裁決を行う。

① 処分が適法かつ妥当であると認めるとき→処分の承認
② 処分に不適当な部分があると認めるとき→処分の修正
③ 処分が著しく不適当又は違法であると認めるとき→処分の取
消し
④ 審査請求期間の経過、審査請求ができない者による審査請求
など不適法な場合→却下

　人事委員会又は公平委員会は、②又は③の裁決の場合で必要があると認めるときは、任命権者にその職員の受けるべきであった給与その他の給付を回復するために必要かつ適切な措置をさせる等その職員がその処分によって受けた不当な取扱いを是正するための指示をする。この指示に故意に従わなかった者は、1年以下の懲役又は50万円以下の罰金に処せられる（［37］参照）。また、②又は③の裁決が行われたときは、任命権者が改めて処分を行うことなく、当然に裁決に基づく効力が発生する。

【発展】審査請求の再審は、どんな場合に認められるのか。

　人事委員会又は公平委員会の審査請求に対する裁決に対しては、一定の事由がある場合には、当事者の請求又は職権によって再審が行われる（8条8項）。なお、この再審は、行政不服審査法の再審査請求とは異なるもので、人事委員会又は公平委員会によってのみ審査される。再審の事由及び手続については、人事委員会規則又は公平委員会規則に定められる。

【発展】審査請求と訴訟の関係はどうなっているのか。

　職員の不利益処分は、人事委員会又は公平委員会に対して審査請求をし、その裁決を経た後でなければ、処分の取消訴訟を提起できない（51条の2）。地方公共団体の人事行政については、中立的かつ専門的な機関である人事委員会及び公平委員会が設けられていることから、地方公務員法は審査請求前置主義を採っている。ただし、i審査請求をした日から3か月を経過しても裁決がないとき、ii処分の執行又は手続の進行により生ずる著しい損害を避けるため緊急の必要があるとき、iiiその他裁決を経ないことについて正当な理由があるときは、裁決を経ることなく処分の取消訴訟を提起することができる（行訴法8条2項）。

[56]・[57]　勤務条件に関する措置要求

1　（　）勤務条件に関する措置要求をすることができる者は、職員であるが、地方公営企業・特定地方独立行政法人の職員や単純労務職員はこれに含まれない。

2　（　）勤務条件のうち給与は条例事項であるから、勤務条件に関する措置要求の対象に含まれない。

3　（　）勤務条件に関する措置要求の審査は、要求者から請求があった場合には、口頭審理を行わなければならない。

4　（　）措置要求を審査した人事委員会又は公平委員会は、その判定の結果に基づき、権限を有する地方公共団体の機関に対し、必要な措置を講ずべき旨の命令を行う。

5　（　）措置要求に対する判定があった場合には、その措置要求をした職員は同じ事項について再度措置要求をすることはできない。

[58]・[59]　不利益処分に関する審査請求

1　（　）審査請求の対象となる処分は、職員の意に反すると認める不利益な処分であり、これは懲戒処分に限られる。

2　（　）審査請求をすることができるのは、職員であり、これには地方公営企業・特定地方独立行政法人の職員や単純労務職員も含まれる。

3　（　）審査請求ができる処分についての取消しの訴えは、審査請求に対する裁決を経た後でなければならず、これを経ていないときは、いかなる場合でも取消しの訴えを提起することはできない。

4　（　）任命権者が不利益処分を行う場合おいて、処分を受ける者から請求があったときは、その事由を記載した説明書

[56]・[57]

1 ○ 記述のとおり。

2 × 給与についても、措置要求をすることができる。

3 × 措置要求の審査の方法について、記述のような
義務付けはなく、審査については、裁量に委ね
られている。

4 × 判定の結果に基づき、人事委員会・公平委員会
の権限事項については、自ら実行し、その他の
事項については、必要な勧告を行う。

5 × 同一職員が同一事項について再度の措置要求を
することを禁止する規定はない。

[58]・[59]

1 × 不利益処分には懲戒処分のほか分限処分も含ま
れる。

2 × 地方公営企業・特定地方独立行政法人の職員や
単純労務職員は、人事委員会及び公平委員会の
管轄の下にないため、審査請求をすることがで
きない。

3 × 地公法は審査請求前置主義を採るが、審査請求
のあった日から3か月を経過しても裁決のない
場合等については、裁決を経ないで取消しの訴
えを提起することができる。

4 × 不利益処分を行う際に、説明書を交付しなけれ
ばならない。

を交付しなければならない。

5（　）審査請求は、処分のあったことを知った日の翌日から起
算して3月以内にしなければならず、処分のあった日の
翌日から起算して1年を経過したときはすることができ
ない。

5 　○　記述のとおり。

[60] 労働基本権とその制限

【基本】職員は、憲法の労働基本権が保障されているか。

　憲法28条には、「勤労者の団結する権利及び団体交渉その他団体行動する権利は、これを保障する。」と規定されており、労働者の団結権、団体交渉権及び団体行動権（争議権）の３つの権利が労働基本権として保障されている。同条の「勤労者」とは、労働を他人に提供することにより、その対価として賃金、給料、その他これに準ずる収入を得て生活する者をいうと解されている。判例（昭41・10・26最判）及び通説は、公務員もこの勤労者に当たり、労働基本権の保障を受けるとしている。

　しかし、職員は、全体の奉仕者として勤務するという地位を有し、また、その職務の内容は公共的性質を持つ。そこで、このような職員の地位の特殊性と職務の公共性に基づいて、職員の労働基本権が制限されている。その制限の態様は、職員の種類に応じて異なっている。

【発展】それぞれの種類の職員は、どのように労働基本権が保障されているか。

１　一般の行政職員及び教育職員（55・37条）

　一般の行政職員及び教育職員は、職員団体を組織する権利（団結権）及び当局との間において交渉を行う権利が認められているが、労働協約を締結することはできない。また、争議行為は禁止されている。

２　地方公営企業・特定地方独立行政法人の職員及び単純労務職員

　地方公営企業・特定地方独立行政法人の職員及び単純労務職員は、労働組合を結成し、加入する権利（団結権）が認められている（地公労法５条１項）。単純労務職員は、職員団体の結成又は

加入も認められている（地公労法附則5項）。これらの職員の職務は、民間企業の類似の業務とほぼ同じであるので、できる限り民間労働者と同じ扱いとするものである。ただし、民間労働者と異なり、労働組合の組合員であることを雇用条件とするクローズド・ショップ制や採用後労働組合への加入を義務付けるユニオン・ショップ制は採用できない。

　また、これらの職員の労働組合は、当局との間において団体交渉を行い、賃金その他の勤務条件等について労働協約を締結する権利を有している（地公労法5・7条）。ただし、労働協約の内容が条例に抵触する場合又は協約の内容が予算上、資金上不可能な場合は、その地方公共団体の議会において条例改正等が行われない限り、その部分は効力を生じない（地公労法7・8・10条）。なお、労働組合と地方公営企業等との間で労働争議が発生した場合は、労働委員会のあっせん、調停又は仲裁によって解決が図られる（地公労法14～16条）。

　以上に対し、地方公営企業・特定地方独立行政法人の職員及び単純労務職員も全体の奉仕者として公共の利益のために勤務するという地位を有する以上、争議行為は禁止されている（地公労法11条）。

3　警察職員及び消防職員

　警察職員・消防職員は、団結権、団体交渉権及び争議権の全てが認められない（52条5項）。これらの職員の職務は、国民の生命・財産を守ることであるから、特に上司の命令に忠実に従って職務を遂行する高い規律が求められる。そのため、職員が団体を組織して当局との間で対等の当事者として交渉することは、こうした規律の維持と相いれない。ただし、消防職員については、消防職員委員会が置かれ、勤務条件及び福利厚生に関し消防長に意見を述べる制度がある（消防組織法14条の5）。

[61] 職員団体1

【基本】職員団体とは、何のための団体か。

　職員には労働組合法の適用がないから（58条1項）、職員は、労働組合を組織することができない。しかし、職員にも労働者として団結権が認められており（[60]参照）、地方公務員法に基づき、「職員団体」を組織することができる。

　「職員団体」とは、職員がその勤務条件の維持改善を図ることを目的として組織する団体又はその連合体をいう（52条1項）。職員団体は、勤務条件の維持改善を主たる目的としていれば、副次的に、社会的目的や文化的目的を持つこともできる。また、政治的目的を持つこともできると解されているが、職員は、職員団体の活動の一環としてであっても、政治的行為を制限される（[27・28]参照）。

【基本】職員団体はどのような者で組織しなければならないのか。

1　職員団体の組織（52条2項）

　職員団体は、職員が組織する団体又はその連合体であるが、職員が主体となって組織していればよく、職員だけで組織する必要はない。

2　職員団体を組織する職員から除かれる者（52条5項）

　警察職員又は消防職員は、職員団体を結成し、又はこれに加入することができないから、1の職員に含まれない。また、地方公営企業・特定地方独立行政法人の職員も、職員団体に関する規定の適用がないので、1の職員に含まれない（地公企法39条1項・地方独法53条1項）。

3　管理職員等と一般職員の区別（52条3項）

　一定の管理職員等とそれ以外の一般職員とは、同一の職員団体を組織することはできず、同一の団体を組織したときは、地方公

務員法上の職員団体とみなされない。これは、両者の労使関係における地位が異質であり、両者が混在する団体は、御用組合化するなど職員の利益を適正に代表することができないおそれがあるからである。なお、管理職員等とは、重要な行政上の決定に参画する管理的地位にある職員、職員の人事に関して権限を有する監督的職員などをいい、その範囲は、人事委員会規則又は公平委員会規則で具体的に定められる。

4　オープン・ショップ制（52条3項）

　職員は、自由に職員団体を結成し、又は結成しないことができ、また、自由に職員団体に加入し、又は加入しないことができる（オープン・ショップ制）。これは、職員の任用は成績主義によること（［7］参照）、また、職員の意に反する不利益な処分は法定の事由のある場合に限られること（［32］〜［35］参照）などから当然の帰結である。

【発展】職員団体の登録とはどのような制度か。

1 職員団体の登録の申請（53条1・2項）

職員団体は、条例で定めるところにより、理事その他の役員の氏名及び条例で定める事項を記載した申請書に規約を添えて、人事委員会又は公平委員会に登録を申請することができる。

申請書に添付する職員団体の規約には、少なくとも次の事項を記載する。すなわち、ⅰ名称、ⅱ目的及び業務、ⅲ主たる事務所の所在地、ⅳ構成員の範囲及びその資格の得喪に関する規定、ⅴ理事その他の役員に関する規定、ⅵ職員団体の重要事項を含む業務執行、会議及び投票に関する規定、ⅶ経費及び会計に関する規定、ⅷ他の職員団体との連合に関する規定、ⅸ規約の変更に関する規定、ⅹ解散に関する規定の10項目であり、これらが登録を受けるための規約の必要的かつ最小限の記載事項である。

2 職員団体の登録の要件（53条2〜5項）

職員団体の登録を受け、また、引き続き登録されているためには、次の要件を満たしている必要がある。

① その職員団体の規約に少なくとも1ⅰ〜ⅹの事項が記載されていること。

② 規約の改正、役員の選挙等の重要事項について、構成員の直接・秘密投票による過半数で決定されていること。

③ 同一の地方公共団体の警察職員及び消防職員以外の職員（不利益処分により免職された者であって、その翌日から1年以内のもの又は審査請求や訴訟を提起し、裁決若しくは判決が確定していないものを含む。）だけで組織されていること。ただし、職員でない者の役員就任を認めている職員団体でも、登録の要件の適合性が認められている。

なお、同一の都道府県内の公立学校の職員だけで組織する職員

団体（その都道府県内の同一の地方公共団体の公立学校の職員だけで組織するものを除く。）は、その都道府県の職員だけで組織する職員団体とみなされる（教特法29条）。

3　登録を受けた職員団体

登録を受けた職員団体には、次の便宜が与えられる。

① 地方公共団体の当局は、登録を受けた職員団体から適法な交渉の申し入れがあった場合には、これに応じるべき地位に立つ（［63］参照）。

② 職員は、任命権者の許可を受けて、登録を受けた職員団体の役員として専らその業務に従事することができる（［65］参照）。

③ 登録を受けた職員団体は、法人格を取得することができる。

【発展】職員団体が法人格を取得するにはどうするのか。

登録を受けた職員団体は、法人となる旨を人事委員会又は公平委員会に申し出ることにより、法人となることができる（職員団体等に対する法人格の付与に関する法律3条1項）。これにより、職員団体の名義で、財産を取得したり、課税上の優遇を受けることができる。

なお、登録を受けない職員団体であっても、規約の認証と設立の登記により法人格を取得することができる（同法3条2項）。

【基本】職員団体の交渉権は、どのように定められているか。

　登録を受けた職員団体が、勤務条件等に関し適法な交渉の申入れをした場合には、地方公共団体の当局はこれに応じるべき地位に立つ（55条1項）。すなわち、当局は、交渉に応じるべき義務を負うが、交渉に応じることを法的に強制されるわけではない。これに対し、登録を受けない職員団体が交渉の申入れをしたときは、当局はこれに応じるべき地位にはない。しかし、職員団体の申入れである以上、適切な判断によりこれに応じることが望ましい。

　交渉の結果、合意に達した事項については、書面による協定を結ぶことができる。しかし、地方公共団体が法的に拘束される団体協約（労働協約）の締結はできない（55条2項）。

　なお、地方公共団体の当局と交渉する権限は、職員団体にのみ認められているが、職員は、職員団体に属していないという理由で、勤務条件等について、任命権者に不満を表明し、意見を申し出る自由を否定されない（55条11項）。

【基本】交渉は、誰が、どのような議題について、どのような手続で行うか。

1　交渉の議題（55条1・3項）

　交渉の議題とすることができる事項は、給与、勤務時間その他の勤務条件（[38]参照）である。これに附帯して、社交的又は厚生的活動を含む適法な活動に係る事項も議題にできる。

　これに対し、地方公共団体の事務の管理及び運営に関する事項は、交渉の対象とすることができない。これを一般に「管理運営事項」という。管理運営事項とは、行政の企画、立案、予算の編成など、地方公共団体の当局が自らの判断と責任において執行す

べき事項をいい、職員の採用等具体的な任命権の行使に関する事項もこれに当たる。

　なお、給与の改善は、管理運営事項である予算の編成と密接に関連するが、勤務条件である以上、交渉の対象となる。

2　予備交渉（55条5項）

　職員団体と地方公共団体の当局は、交渉に当たって、一定の事項をあらかじめ取り決めなければならない。これを一般に「予備交渉」という。予備交渉で取り決めるべき事項は、ⅰ交渉に当たる者の員数、ⅱ交渉の議題、ⅲ交渉の時間、ⅳ交渉の場所、ⅴその他必要な事項である。予備交渉を経ない本交渉の申入れがあった場合や予備交渉で本交渉の合意が得られなかった場合は、交渉を拒否することができる。

3　交渉に当たる当局（55条4項）

　職員団体が交渉することのできる地方公共団体の当局は、交渉事項について適法に管理し、又は決定することのできる地方公共団体の当局である。これを一般に「当局」という。

4　交渉に当たる者（55条5・6項）

　本交渉は、予備交渉で取り決めた員数の範囲内で、職員団体が役員の中から指名する者と当局が指名する者との間において行わなければならない。ただし、特別の事情があるときは、職員団体は、役員以外の者を指名することができる。この場合、その者は、職員団体の執行機関から特定の事項についての適法な交渉権限の委任を受けたことを文書で証明できる者でなければならない。

[64] 交渉2

【基本】交渉は、どのような場合に打切られるか。また、勤務時間中に交渉ができるのか。

1 交渉の打切り（55条7項）

当局又は職員団体は、次の事由があるときは、相手方に打切りの意思を表示して、一方的に交渉を打ち切ることができる。

① ⅰ適法に交渉に当たることのできる者ではない者が参加したとき又はⅱ予備交渉で取り決めた事項に違反したとき。

② 他の職員の職務の遂行を妨げたとき。

③ 地方公共団体の事務の正常な運営を阻害することとなったとき。

2 勤務時間中の交渉（55条8項）

交渉は、勤務時間外に行うのが原則であるが、適法な交渉は、勤務時間中においても行うことができる。つまり、適法な交渉に参加する職員の職務専念義務（［26］参照）が免除される。これは、職員団体の便宜のためであり、登録を受けない職員団体であっても認められる。

【発展】書面協定は、何を定め、どのような効果を持つか。

地方公共団体の当局との交渉の結果、合意に達した事項があるときは、職員団体は、当局との間において書面による協定を結ぶことができる（55条9項）。ただし、この協定は、法令、条例、地方公共団体の規則及び地方公共団体の機関の規程に抵触してはならず、違反する場合は、その部分は無効である。

この協定は、地方公共団体の当局と職員団体の双方において、誠意と責任をもって履行しなければならない（55条10項）。すなわち、両者は、協定に法的に拘束されることはないが、これを履行すべき道義的責任を負う。

【発展】地方公営企業・特定地方独立行政法人の職員及び単純労務職員の労働組合の行う交渉は、どうなっているか。

1　交渉の応諾義務

地方公共団体の当局や特定地方独立行政法人は、その労働組合から団体交渉の申入れを受けたときは、これに応ずる義務（交渉応諾義務）がある。当局が正当な理由がないにもかかわらず、これに応じない場合（団交拒否）は、不当労働行為となる。労働委員会は、労働組合の申立てを受け、不当労働行為と判定したときは、救済命令を行う。なお、予備交渉及び交渉に当たる者に関する規制はなく、労働組合に委ねられている。

2　議題

団体交渉の議題は、ⅰ賃金その他の給与、労働時間、休憩、休日及び休暇に関する事項、ⅱ昇職、降職、転職、免職、休職、先任権及び懲戒の基準に関する事項、ⅲ労働に関する安全、衛生及び災害補償に関する事項、ⅳ以上のほか労働条件に関する事項である。これに対し、地方公営企業・特定地方独立行政法人の管理及び運営に関する事項は、対象とならない。

3　労働協約

労働組合は、団体交渉の結果合意に達した事項について、当局との間で労働協約を締結できる。地方公営企業の職員・単純労務職員の労働条件は、給与の種類と基準を除き、条例ではなく、この労働協約で定められる。労働協約の有効期間は３年である。協約の内容が条例に抵触する場合又は協約の内容が予算上、資金上不可能な場合は、その地方公共団体の議会において条例改正等が行われない限り、その部分は効力を生じない（地公労法７・８・10条）。

なお、特定地方独立行政法人の職員の勤務時間・休憩・休日・休暇は、その規程で定める（地方独法52条）。

[65] 在籍専従

【基本】職員は、勤務時間中に職員団体の活動に従事することができるのか。

　職員は、全体の奉仕者として公共の利益のために勤務する者であり、かつ、職務専念義務（[26] 参照）があるから、職員が勤務時間中に職員団体の活動に従事することは、このことと相いれない。しかし、地方公務員法には、憲法28条の労働基本権に基づいて、職員が職員団体を組織し、当局と交渉を行うことが認められていることなどに鑑み、一定の場合に、例外的に勤務時間中に職員団体の活動に従事することが認められている。

　そのような例外に、ⅰ登録を受けた職員団体の役員として専ら従事する場合（55条の2）があり、一般に「在籍専従」という。もう1つは、ⅱ在籍専従以外の職員が、法律・条例の定めるところにより、勤務時間中に職務専念義務を免除されて職員団体の活動に従事する場合（[66] 参照）であり、一般に「組合休暇」といわれている。

【基本】在籍専従は、どのような場合に、どのくらいの期間認められ、その場合の身分取扱いはどのようになるのか。

1　在籍専従が許される場合（55条の2第1・2項）

　在籍専従が認められるのは、職員が、ⅰ登録を受けた職員団体（[62] 参照）について、ⅱその役員として、ⅲその業務に専ら従事する場合であって、ⅳ任命権者の許可を受けたときである。

　これらの要件のうち、ⅱの「役員」とは、職員団体において執行権限をもつ機関の構成員及び監査権限をもつ機関の構成員をいい、通常は職員団体の執行委員長、副委員長、書記長のほか執行委員及び監事がこれに当たる。ⅳの許可は、任命権者が相当と認める場合に有効期間を定めて与える。この許可は、自由裁量処分

であると解されており、在籍専従制度の趣旨に反する行為があっ
た場合には許可を取り消す旨の条件を付けることもできる。また、
ⅰ～ⅲの要件を欠くに至ったときは、在籍専従の許可は、当然に
取り消される。

　なお、地方公営企業・特定地方独立行政法人の職員及び単純労
務職員の労働組合に関しても、同様の在籍専従制度が認められて
いる（地公労法6条・附則5項）。

2　在籍専従の期間（55条の2第3項・附則20項、地公労法附則
　4項）

　在籍専従の期間は、職員としての在職期間を通じて5年（当分
の間は、7年以下の範囲内で人事委員会規則・公平委員会規則又
は労働協約で定める期間）を超えることができない。なお、地方
公営企業・特定地方独立行政法人の職員又は単純労務職員の労働
組合の在籍専従であった期間がある場合は、その期間も合算する。

3　在籍専従職員の身分取扱い（55条の2第5項）

　在籍専従の許可を受けた職員は、その許可が効力を有する間は、
休職者として扱われる。すなわち、その職員は、職員としての身
分と地位を保有するが職務に従事しない。また、その期間中はい
かなる給与も支給されないとともに、その期間は、退職手当の算
定の基礎となる勤続期間に算入されない。

[66] 職員団体のための行為

【基本】組合休暇が認められるのはどのような場合か。

　職務専念義務の免除は、法律又は条例に特別の定めがある場合に限り認められる（[26]参照）。このうち、「組合休暇」に相当する法律の定めとして、職員団体の行う適法な交渉にあらかじめ指名された役員等として参加する場合（[64]参照）がある。それ以外の場合については、公務優先の原則に鑑みれば、組合休暇は、任命権者の裁量により、やむを得ないと認められる場合に限り認められるべきである。

　組合休暇は、条例で定める場合を除き、無給である（55条の2第6項）。条例では、給与を受けることのできる場合として、一般に、適法な交渉に参加する場合や年次有給休暇や休日の場合が定められている。この条例は、給与を受けながら、職員団体のため、その業務を行い、又は活動することを認めるものであることから、「ながら条例」といわれる。

【発展】勤務時間中に適法に交渉を行った場合に、給与は支給されるのか。

　勤務時間中に交渉を行った場合に、これに職員団体の役員等として適法に参加した者の給与については、i 在籍専従職員については、いかなる給与も支給されない（[65]参照）。ii その他の職員については、条例（ながら条例）に定めがある場合は、その時間の給与を支給することが認められる（55条の2第6項）。

【発展】職員が団体活動をしたことにより、不利益を受けることはないのか。

1　不利益取扱いの禁止（56条）
　地方公務員法は、職員は、i 職員団体の構成員であること、ii

㋐職員団体を結成しようとしたこと、若しくは㋑職員団体に加入しようとしたこと又はⅲ職員団体のために正当な行為をしたことの故をもって不利益な取扱いを受けることはないことを規定している。

　ⅰ・ⅱは、職員団体に関する職員の団結権を保障するものであり、ⅲは、職員団体のための正当な活動を保障しているものである。

２　不利益取扱いの禁止の趣旨等

　労働者の労働組合については、不当労働行為の制度が定められ、使用者が労働組合活動に不当な干渉を行うことは禁止される。職員団体についても、これと同じ趣旨で、不利益取扱いの禁止が明文化されたものである。ただし、不当労働行為の制度と違い、これに反する行為が行われた場合に地方公共団体の当局に対する救済命令等の制度はない。公共部門としての当局は、法令を実施し、公益を実現する立場にあるから、職員団体に対する不当な干渉は、当然に行ってはならないものと考えられる。

[60] 労働基本権

1 （　）公務員は、全体の奉仕者であって、憲法で労働基本権が
保障される「勤労者」には該当しないから、労働基本権
が保障されない。

2 （　）警察職員及び消防職員は、労働三権の全てが認められて
いない。

3 （　）一般の行政職員には、団結権が認められており、職員か
ら成る労働組合を組織することができる。

[61]・[62] 職員団体

1 （　）職員は、職員団体を結成し、又はこれに加入することが
できるが、警察職員、消防職員及び地方公営企業・特定
地方独立行政法人の職員は除かれる。

2 （　）職員が政治的行為を行うことは禁止されているから、職
員団体は副次的な目的としてでも政治的目的を持つこと
はできない。

3 （　）職員団体は、職員が組織する団体であるから、懲戒免職
を受けた者を除き、職員以外の者が加入することは許さ
れない。

4 （　）管理監督の地位にある職員や人事に関する機密の事務を
取り扱う職員は、職員団体を組織することはできない。

5 （　）職員団体は、人事委員会又は公平委員会に申請して登録
を受けなければ、地方公務員法上の職員団体として扱わ
れない。

[63]・[64] 交渉

1 （　）地方公共団体の当局は、登録を受けない職員団体から適
法な交渉の申入れがあった場合であっても、その申入れ

[60]

1　×　判例・通説は、公務員も憲法の「勤労者」に含まれ、憲法の労働基本権の保障が及ぶとする。

2　○　記述のとおり。

3　×　職員が組織できるのは、職員団体である。

[61]・[62]

1　○　記述のとおり。

2　×　職員団体が副次的な目的として政治的目的を持つことは、禁止されていない。

3　×　職員団体は、職員を主体に組織されるが、職員以外の者の加入も認められる。

4　×　記述のような職員だけで職員団体を組織することができる。

5　×　登録を受けなくても、地方公務員法の職員団体としての要件を充たしていれば、職員団体である。

[63]・[64]

1　×　この場合にも当局の適切な判断でこれに応ずることが望ましいが、応ずるべき法的な地位には

に応ずべき地位に立つ。

2 （　）職員団体の交渉は、その役員の中からあらかじめ指名する者が行わなければならず、役員以外の者を指名することはできない。

3 （　）職員団体は、勤務条件に関する事項であれば、たとえ管理運営事項と密接な関係を持つ場合であっても、それについて交渉することができる。

4 （　）職員団体と地方公共団体の当局は、それについて交渉の結果合意に達した事項について書面協定を結ぶことができ、これは当事者双方を法的に拘束する。

5 （　）職員団体は、適法な交渉であっても、勤務時間中においては行うことができない。

[65]　在籍専従

1 （　）任命権者は、職員が登録を受けない職員団体の業務に専ら従事する場合であっても、在籍専従の許可を与えることができる。

2 （　）職員が1つの職員団体について在籍専従をすることのできる期間は、その職員の在職期間を通じて7年を超えてはならない。

3 （　）任命権者は、在籍専従の許可の申請があった場合であっても、当該職員の職務遂行上の必要性等を勘案して許可をしないことができる。

4 （　）任命権者の許可を受けて在籍専従中の職員は、その職員団体の役員を解任された場合であっても、許可を取り消されることはない。

[66]　職員団体のための行為

1 （　）職員から職員団体のために正当な行為を行う旨の申出が

ない。

2　×　職員団体は、特別の事情がある場合には、役員以外の者を指名することができる。

3　○　記述のとおり。

4　×　書面協定は、当事者双方が誠意と責任をもって履行する道義的責任があるにとどまる。

5　×　適法な交渉であれば、勤務時間中でも行うことができる。

[65]　　　　　　　　　　　　　　　　　　　　　Commentary

1　×　登録を受けていない職員団体について、在籍専従の許可を与えることができない。

2　×　在籍専従をする期間は、その職員について、在職期間を通じて7年を超えてはならず、1つの職員団体についてではない。

3　○　記述のとおり。

4　×　職員が登録を受けた職員団体の役員として専ら従事するものではなくなったときは、在籍専従の許可は取り消される。

[66]　　　　　　　　　　　　　　　　　　　　　Commentary

1　×　記述のような職務専念義務の免除に関する制度

あった場合には、任命権者は、職務専念義務を免除しな
ければならない。
2 （　）勤務時間中に適法に交渉を行った場合、職員団体の役員
等として適法にこれに参加した職員には、いかなる場合
にもその時間の給与を支給することができない。
3 （　）職員は、職員団体の構成員であること、職員団体を結成
しようとしたこと、又はこれに加入しようとしたことを
理由として不利益な取扱いを受けない。

はない。

2 × 在籍専従職員については記述のとおりであるが、その他の職員については、条例に定めがある場合は、給与を支給することが認められる。

3 ○ 記述のとおり。

落ち着いて
よく考えて

著者紹介

加 藤 敏 博

1961年生まれ
1987年東京大学法学部卒業
現在参議院法制局部長

著　書　「明解　選挙法・政治資金法の手引」（新日本法規）
　　　　「改正宗教法人法の解説」（新日本法規）
　　　　「昇任試験精選問題集　地方自治法」（公職研）
　　　　「昇任試験精選問題集　地方公務員法」（公職研）
　　　　「ステップアップ　地方自治法の解説」（公職研）
　　　　　　　　　　　　　　　　　　　　（以上、共同執筆）

　　　　　他

齋 藤 陽 夫

1972年生まれ
1999年東京大学大学院法学政治学研究科修士課程修了
現在参議院法制局課長

著　書　「昇任試験精選問題集　地方自治法」（公職研）
　　　　「昇任試験精選問題集　地方公務員法」（公職研）
　　　　「ステップアップ　地方自治法の解説」（公職研）
　　　　　　　　　　　　　　　　　　　　（以上、共同執筆）

ステップアップ地方公務員法の解説　　　　　ⓒ　2016年

2016年（平成28年）10月21日　初版第1刷発行

定価はカバーに表示してあります

著　　者　加　藤　敏　博
　　　　　齋　藤　陽　夫
発 行 者　大　田　昭　一
発 行 所　公　　職　　研
　　　　　〒101-0051
　　　　　東京都千代田区神田神保町2丁目20番地
　　　　　　　TEL03-3230-3701（代表）
　　　　　　　　　03-3230-3703（編集）
　　　　　　　FAX03-3230-1170
　　　　　　　振替東京　6-154568
　　　　　　　http://www.koshokuken.co.jp/

ISBN978-4-87526-368-5 C3031

落丁・乱丁は取り替え致します。　PRINTED IN JAPAN　　　印刷　日本ハイコム㈱
　　　　　　　　　　　　　　　　　　　　　　　　✵ ISO14001 取得工場で印刷しました

「ステップアップ地方自治法の解説」　　◎本体価格 2,350 円

地方自治法の重要項目を「基本論点」「発展論点」と段階的に徹底解説。項目ごとに確認問題も掲載。昇任試験対策にピッタリの内容構成です。

「コンパクト昇任試験基礎 4 法択一問題集」
◎本体価格 2,000 円

地方公務員として必要な基本知識を 1 冊にまとめた「地方自治の教科書」。自己啓発のテキストとして、昇任試験の参考書としても好評。

「必ず合格できる昇任面接対策法」　　◎本体価格 1,500 円

面接で絶対合格を目指す人は必読。面接官を唸らせる面接シートの書き方と職場事例問答が充実した実績No1の対策書です。

「事例で考える行政判断・課長編」　　◎本体価格 1,800 円
「事例で学べる行政判断・係長編」　　◎本体価格 1,800 円

職場で起こる様々なトラブルをどう解決するか。5 肢択一形式で楽しみながら学べる、昇任試験「行政判断」の唯一の対策書です。

「地方自治法よく出る問題 123 問」　　◎本体価格 1,950 円
「地方公務員法よく出る問題 108 問」　　◎本体価格 1,800 円

首都圏、西日本で一番売れている択一問題集。分野毎の頻出重要問題を完全網羅。効率良く問題練習をするならこの 2 冊で。

「昇任試験地方自治法精選問題集」　　◎本体価格 2,200 円
「昇任試験地方公務員法精選問題集」　　◎本体価格 1,700 円

大規模難関自治体の昇任試験、択一対策の最新刊。体系的に確実な知識と応用力を身に付けることができる問題集です。

※本体価格に別途消費税がかかります。価格は改訂等により変更になることがあります。

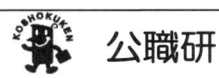 公職研

「昇任論文ポイント&フォーマット作成法」
伊東博巳著●本体価格 1,750円

今さら聞けない「原稿用紙の使い方」から「試験日直前の勉強法」までカバー。丁寧で実戦的な論文作成法を伝授します。

「合格する昇任論文実践講座」 昇任論文研究会編●本体価格 1,800円

試験実施団体の論文試験を徹底分析。合格論文を作成するためのポイントと最新情報を満載した"必ず合格論文が書けるようになる"対策書。

「昇任論文合格答案集」 ●本体価格 2,000円

昇任試験の論文問題最重要テーマ20本を厳選。答案例40本で合格論文完成までのプロセスを確実に身につけることができる。

「合格論文の書き方・基礎編」 大島稔彦著●本体価格 1,900円

これから、地方自治体の昇任昇格試験の論文対策を始めようという方のための基本書です。論文試験対策のＡＢＣを学べるロングセラー。

「合格論文の書き方・実践編」 大島稔彦著●本体価格 2,400円

重要20テーマで実践的に学ぶ。答案例を評価と問題点、文章、内容と構成、論理と認識、改定例の５段階で検証。書く力が必ず付きます。

「ケーススタディ係長の職場マネジメント」 ●本体価格 2,100円

職場での様々なケースに係長としてどう対応するか。係長の仕事を徹底分析、豊富な事例で具体的な解決策を提案します。

 公職研